從一國歷史
預視世界
的動向

Germany 鐵與血的歷史

極簡 德國史

閔真興
Seki Shinkoh

楓樹林

前言

德國是什麼樣的一個國家？

不少日本人對德國隱約有股「親切感」。這也不意外，兩個國家都是第二次世界大戰的「輸家」，國土曾因戰火變得一片荒蕪；但後來都成功復興，甚至登上引領周邊國家的領導地位。從結果來看，兩國的確非常相似。

如果單論「納粹掌權」、「推倒柏林圍牆」這些象徵性的事件，或許多多少少能想像出德國歷史的面貌。不過，德國的成立過程其實相當複雜，無法以三言兩語道盡它從古至今的歷程，而且也會有人疑惑「為什麼日本要和德國組成同盟」、「德國人是如何走過戰敗的陰影」。

本書的寫作目的，是為第一次思考「德國究竟是什麼樣的國家」的人，淺顯易懂介紹德國的歷史。比方說，當時在兩次世界大戰敗北的德國，採取的都是類似日本江戶時代的「幕藩體制」。本書以這種方式比較德國與日本，詳盡地解說。

希望各位能夠在了解國家歷史的同時，發掘這股「親切感」的真實面貌。

關 真興

歷史冷知識！

德國的4大祕密

這些意想不到的史實，就要介紹給初次接觸德國史的你！

Secret 1

德國、法國、義大利本來是一個國家！

過去存在於西歐的「法蘭克王國」一分為三，其中之一就是後來的德國。至於其他兩個，則是法國與義大利的前身。

→詳情參照 24 頁

法蘭克王國的建國始祖就是**我**。

Secret 2

德語的「起源」是馬丁路德翻譯用的語言！

馬丁．路德是16世紀批判天主教、發起宗教改革風潮的中心人物。他為德國人翻譯聖經，而他所使用的語言，就是現代德語的基礎。

→詳情參照 36 頁

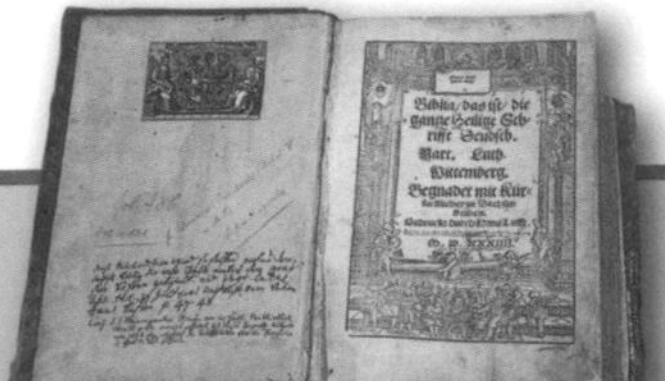

Secret 3

鐵血宰相俾斯麥其實是平民的守護者？

「當代的重大問題，要用鐵和血（即戰爭）來解決！」曾經宣講這句名言、霸道的政治家俾斯麥，其實建立了社會保險系統，出乎意料地十分關懷平民。

→詳情參照 110 頁

Secret 4

世界盃足球賽上西德與東德選手曾經在此展開對決！

1974年由西德主辦的世界盃大賽第一輪循環賽中，西德曾經與東德對決。兩隊的比賽只有這僅僅一次，最後勝出的是東德。

→詳情參照 193 頁

接下來，我們就來探索德國史吧！

目錄

chapter 2

奧地利與普魯士

chapter 3 動亂的德意志邦聯

chapter 4 近代德意志帝國

〈科隆主教座堂〉

教堂形式為歐洲自12世紀後半到15世紀流行的「哥德式」教堂（主教座堂），已列入世界文化遺產。從開工興建到1880年落成為止，共耗時超過600年。

chapter 5

從威瑪共和走向納粹德國

〈奧斯威辛集中營〉

納粹德國在第二次世界大戰期間建立的集中營。用途是強迫猶太人勞動，並多次進行人體實驗，眾多猶太人在這裡喪命。現已列入世界文化遺產。

chapter 6 聯邦共和國與民主共和國

祕密專欄

〈柏林圍牆〉

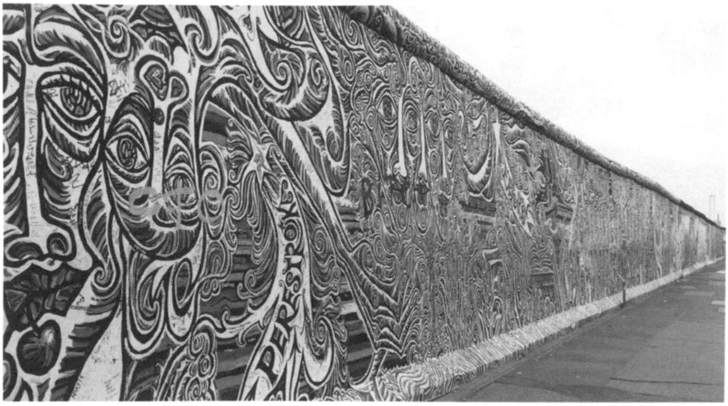

1961年興建於柏林市內的圍牆，是東西德分裂的象徵。1989年11月10日拆除大半數的圍牆，現在僅保留一小部分。

※本書所提到的國家名，一律使用「英國」、「義大利」等現今國名，部分段落會依據內容使用當時的國名，例如「拿坡里王國」。

序幕

森林民族日耳曼人

各位現在聽到德國，首先腦海內應該會先聯想到工業強國，其次則是啤酒和香腸吧？

德國是工業強國，也在歐洲經濟體占有領導的地位，但奇妙的是，德國的名產卻是農畜產品。歐洲著名長河萊茵河，即流經德國的西部，其中游到下游流域工業城鎮林立，是德國的工業地帶；而萊茵河的東邊則是遼闊的森林地帶，這片森林正是德國人的故鄉。

德國的歷史，就是從開墾深幽的森林、闢建農田開始。德國人在這片農地上栽種大麥，作為釀造啤酒的原料，並且用森林裡掉落滿地的橡實來飼養豬隻。

雖然這一塊地區統稱為德國，但德國人和德意志這個國家其實是到了很久很久以後，才真正在歷史上登場。德國人的祖先最早接觸的國家，是距今超過二千年、過去繁盛一時的古羅馬帝國人民。

現在，羅馬就是指義大利的首都；然而在大約二千年前，羅馬卻是指統治地中海周邊地區的大帝國。現在的法國和英國，也曾經包含在帝國的領土範圍內。對於龐大的羅馬帝國而言，歐洲的兩大河川——萊茵河和多瑙河，等同於分隔羅馬與其他地區的邊界。在羅馬人眼中，河川的對岸就是異邦，而居住在異邦土地上的人民，就是今日德國人的祖先——日耳曼人。

「日耳曼」(German)一詞來自「日耳曼尼亞」(Germania)。西元前五〇年代，羅馬軍人凱撒曾經遠征高盧（現在的法國、比利時、瑞士等地）和日耳曼尼亞（現在的德國、波蘭、捷克等地）。在其作戰紀錄《高盧戰記》當中，即描述了當時日耳曼人從事農耕、畜牧的種種。

作為羅馬帝國中心的羅馬（相當於現代的羅馬），網羅了來自地中海周邊地區的食物和各種物產。

到了三世紀以後，位於地中海東方的帝國——波斯帝國，在薩珊王朝的統治下達到巔峰，同樣令羅馬人開始憂心。原本是古希臘殖民城市的拜占庭，到了四世

日耳曼人的遷徙

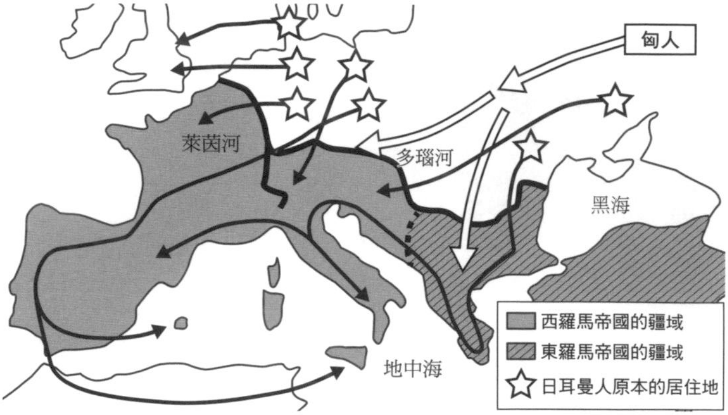

紀改名為君士坦丁堡，吸引了大量人口聚集。

四世紀末，羅馬帝國在義大利半島和巴爾幹半島之間分裂為東、西二個國家。西羅馬帝國依然以羅馬為首都，東羅馬帝國則是以君士坦丁堡作為首都。

此時，日耳曼人因為人口增加而陷入糧食危機，加上瘟疫大流行、居住地遭到東方來襲的匈人占領，使他們不得不越過多瑙河和萊茵河，入侵羅馬帝國境內。這就是歷史上所稱的「日耳曼人大遷徙」。

在大遷徙以前，有些日耳曼人就已經先以農民或傭兵的身分進入羅馬，成為羅馬帝國的成員，當中也有人飛黃騰達。加入羅馬軍隊並晉升為軍人的奧多亞塞（Odoacer）正是一例，他還在西元四七六年率領軍隊，脅迫西羅馬皇帝退位，西羅馬帝國至此滅亡。

這時，日耳曼人在北非建立了汪達爾－阿蘭王國，又於現在的西班牙一帶建立西哥德王國，也就是在羅馬帝國舊有的疆域裡建立多個國家。

其中一個國家，就是法蘭克王國。這個建於西歐中部（萊茵河周邊）的國家，在八世紀末成功統一了相當於現在的法國、義大利中部，以及德國的地區。

然而九世紀以後，法蘭克王國因為家族內鬥而一分為三，當中的東法蘭克王國，最後發展成為德國。

當時的日本

西羅馬帝國滅亡時，日本正值古墳時代中期，才剛建造出具備橫穴式石室的前方後圓墳。倭五國之一的「武」派遣使者拜訪大陸的劉宋，獲賜「安東大將軍」的封號，倭王武也因此自號為雄略天皇。

包含德國在內，歐洲的歷史與基督教的關係十分密切，無法分開談論。尤其是五世紀到十五世紀的歐洲歷史，說是以教會為中心發展也不為過。

本書就先從日耳曼人與基督教會的關係開始，娓娓道來德國的歷史。

chapter 1

一切始於法蘭克王國

基督是神嗎？

日耳曼人從四世紀開始在歐洲遷徙，當時基督教會發生一場論戰。這場論戰的核心問題是，既然基督貴為「上帝之子」，那麼基督本身應該也是「神」。

基督教認為上帝是唯一絕對的存在，因此便提出了聖父、基督（聖子）、聖靈實為一體的「三位一體」論。這裡所提的「聖靈」，是指存在於人類心中、可以實際感受到的神的靈。羅馬教宗的立場正是支持這個思想。

然而另一方面，也有不少人認為基督不是神而是凡人，日耳曼人大多接受這個論點，可是法蘭克王國卻是採信三位一體論。法蘭克王國的第一任國王克洛維一世（Clovis Ier），為了取得正當名義排除日耳曼人異己，便與羅馬教宗結盟。

八世紀中葉，法蘭克王國發生了一件大事。有個人企圖從代代世襲國王地位的名門墨洛溫家族（Mérovingiens）手中篡奪王位——長年輔佐國王的加洛林家族（Carolingiens）丕平三世（Pépin Ⅲ），推翻了王朝。

羅馬教宗認為加洛林家族對王國更有益，因而認可了丕平的叛變。於是，羅馬教宗和加洛林家族的關係便日益加深。

登基為國王的丕平，將義大利北部的拉溫納（Ravenna）獻給教宗，這就是「教宗國」的起源。當然，該地的所有稅收都歸教宗所有。羅馬教宗不只權高勢重，還獲得了莫大的財產。

基督教與德意志

接著，我們從日耳曼人的立場來看基督教信仰。

自古以來，日耳曼人社會是由五十多個

部落所構成，直至四世紀左右才統整為十幾個部落。各個部落都有國王或酋長，負責指揮民族遷徙。

萊茵河下游區域、相當於現今荷蘭和比利時一帶的法蘭克人，開始往法國北部遷移，逐漸擴張領土。其中勢力最大的部族是墨洛溫家族，並且在克洛維的領導下建立了法蘭克王國，成為日後的克洛維一世。法蘭克王國藉由戰爭逐步拓展疆域。

到了七至八世紀，在德國東部地區熱忱傳播基督教的傳教士，就是後來被稱為「德意志使徒」的聖波尼法爵（Sanctus Bonifacius）。現代德國人的信仰，就是由他奠定的基礎。

查理大帝建立的歐洲

在日耳曼人不斷遷徙、持續擴張領土的七世紀，遠在歐洲的另一端，阿拉伯半島的先知（傳播上帝旨意的人）穆罕默德創立了伊斯蘭教。

阿拉伯人原本以務農和經商為生，自從信仰伊斯蘭教後，他們團結一致，開始進攻掠奪周邊地區。

穆斯林在短短不到一世紀的時間裡，便掌控了西至伊比利半島、東至波斯（現在的伊朗）的遼闊領土，並消滅了日耳曼人曾經在伊比利半島上建立的國家——西哥德王國。

正當伊斯蘭勢力籠罩地中海的期間，丕平三世之子查理壯大了法蘭克王國。查理對抗伊比利半島的伊斯蘭勢力，同時控制了日耳曼的領土。到了八世紀後半，他加冕為法蘭克民族的國王，並統一現在的法國、德國、義大利北部一帶。

當時的日本

8世紀末，桓武天皇遷都平安京。這次的遷都，據信是桓武天皇在親信和胞弟死後，擔憂饑荒和瘟疫是起因於弟弟的怨靈作祟，才決定遷都。而在查理大帝受教宗加冕的西元800年，富士山發生火山大爆發。

一分為三的法蘭克王國

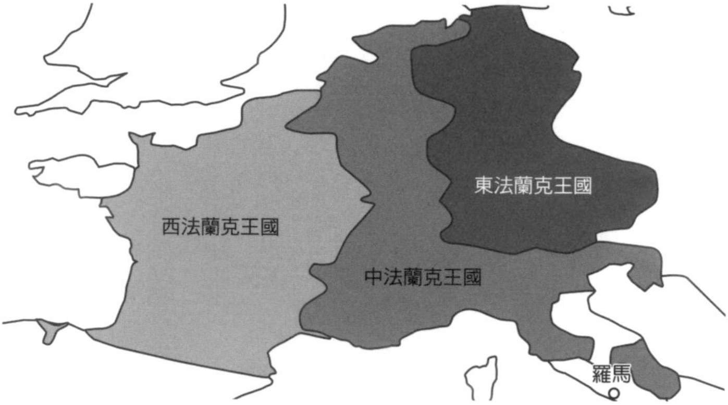

此時，教宗良三世（Sanctus Leo PP. III）因教宗國內部問題，而與義大利半島的權貴對立，他為了抗衡貴族勢力而向查理求救。

查理率兵前往羅馬，協助良三世穩固權位。西元八〇〇年的聖誕節這一天，教宗良三世為查理戴上自五世紀以來便已滅亡的西羅馬帝國的皇冠，加冕他為「羅馬人的皇帝」。從此以後，法蘭克王國便脫離了東羅馬皇帝的統治，查理也獲封「大帝」的頭銜，史稱查理大帝（Charlemagne）。

西羅馬皇帝的出現，催生出日耳曼

人、羅馬帝國的遺產（拉丁語等），以及基督教這三者結合為一的地區，這個地區就是「歐洲」。

德國的起源——東法蘭克王國

查理大帝逝世於西元八一四年，在他死後不久，查理大帝的三個孫子爆發權力鬥爭。西元八四三年，法蘭克王國分裂為西、中、東三個王國。

最後，中法蘭克王國的疆域縮小到只剩下現在的義大利半島北部。西羅馬皇帝的地位，則是由東法蘭克國王繼承。

後來，東法蘭克王國成為「德意志王國」；中法蘭克王國南部則是由許多勢力強大的貴族各自稱王，形成小國林立的局面。大約從十世紀開始，西羅馬皇帝的頭銜便是由德意志國王與義大利國王繼承。

何來神聖？有多神聖？

法蘭克王國雖然一分為三，但三個國家的國王權力都不大，只相當於諸侯（各地的權貴）而已。實際上，國王應當立於統整諸侯的地位，而且德意志國王必須經過眾諸侯推選才得以出任，即使國王企圖強化王權，也不可能成功。

不只如此，當時還有負責維持教會組織的總主教和大型修道院的院長等神職人員。在教會大權在握的時代，他們都擁有高於一般諸侯的權力，被稱作「聖界諸侯」。

後來，德意志國王渴望獲得「皇帝」的地位，而聖界諸侯的協助自然成為必不可少的一環。

十世紀中葉，繼承德意志國王的薩克森公爵奧托一世（Otto Ⅰ），擊敗了從東方來襲的馬扎爾人，趁勢整頓了德意志王國。同時他也打算拉攏主掌德意志境內教會與修道院的羅馬教宗。

奧托在西元九五一年入侵義大利，並於九六二年獲得教宗加冕、獲封羅馬皇帝的頭銜。於是，德意志王國便成了「神聖羅馬帝國」。所謂的「神聖」，意指其皇帝身分獲得教會的認可。奧托利用教會的權威，才得以稱霸德意志地區。

然而，奧托以後繼位的國王（皇帝）選舉，卻是一團混亂。德意志境內諸侯因意見和利害關係相互對立，分裂成皇帝派與教宗派兩方人馬。

由於兩派勢力對立過於激烈，導致十三世紀有將近三十年的時間遲遲無法選出皇帝的繼承人。這段權力真空的時期，在德國史上稱作「大空位時代」。這個問題要一直到十四世紀中葉，才確立了由七名有力的世俗諸侯與神職人員共同遴選出皇帝的「選帝侯」的傳統。

比皇帝更偉大的「選帝侯」

這七位選帝侯當然不可能選會打壓自己權力的人成為神聖羅馬皇帝。結果，皇帝都只由穩健的人物當選，變成只是一種形式上的地位。

皇帝（即德意志國王）的權力衰退，使得諸侯得以專斷主宰自己的領地，於是德意志境內紛紛出現了各個小國，這些諸侯國就稱作「領邦」。皇帝與領邦諸侯的關係，類似於日本江戶時代幕府將軍與各藩主的上下關係「幕藩體制」。

皇帝為了壓制領邦諸侯龐大的權力，而賜予各個城市自治敕許，得到敕許的城市就屬於「帝國城市」。

皇帝為了進一步強化王權，遠征羅馬教宗勢力所在的義大利，企圖統治當地。經常沒有皇帝坐鎮的德意志，變得更加分崩離析。

王國分裂的情況日漸惡化，諸侯之間開始私自締結君主與臣僕的契約：君主有義務保護臣僕，而臣僕要發誓效忠君主（即派兵）。無論君主還是臣僕都各自獨立，一旦違反契約就會解除關係。此外，一名諸侯麾下也可能有多名臣僕。

德意志國王雖然只是不具實權的虛位，但依然立於這種主從關係的頂點。這就是中世紀的封建制度。

農業孕育出城市

在神聖羅馬帝國成立當時的歐洲，社會型態是以農業為主。農民在領主（即土地所有者的諸侯）的莊園（耕地）裡過著自給自足的生活，但農民禁止自由遷徙，世世代代束縛在同一塊土地上，因而又被稱為農奴。

農奴從食物到農耕工具，所有生活必

需的物品都只能靠自己打理，幾乎無法獲取外界的資源。對他們來說，池塘、河川、周邊的森林，正是遍布漁產和野生動物的寶庫。

直到十一至十二世紀，歐洲才發生巨大的變化。德意志地區逐漸開闢森林、開墾新農地，莊園的農田開始劃分成春耕地、秋耕地、休耕地三種使用方式。

這種有效利用土地的「輪耕制」，加上為了快速深耕土地，在大型犁下加裝車輪、藉助牛馬等家畜拖拉的「重犁」來耕作的農法普及，大幅提升了小麥的產量。這項技術迅速在歐洲土地上傳播開來，史稱「中世紀的農業革命」。

農業革命也催生出農具工匠、穀物交易商，以及提供資金的金融業者。他們移居到農村以外的地方，其活動據點則發展成為「城市」，並且獲得在城市鑄造貨幣的權利。部分商人也開始航向波羅的海和北海從事漁業貿易，或是與遙遠的外地進行商業買賣。

這群城市的商人為了確保商業活動安全無虞，紛紛結為同盟。以德國北部城市呂北克（Lübeck）為中心成立的「漢薩同盟」（Hanse），在全盛時期甚至有超過一百座城市加盟。加盟的城市使用共通的貨幣，其財富甚至足以編制軍隊。

位於德國南部的城市奧格斯堡（Augsburg），則是因為南北人流交匯，以及貿易中間站的地位而大為繁榮。該城市的貴族福格家族（Fugger），在歐洲各地設立銀行據點以便從事貿易交流，支撐著中世紀歐洲的商業活動。

一路向東！

神聖羅馬帝國的經濟、社會動向，也受到十一世紀末持續至十三世紀末的十字軍（奪回被穆斯林侵占的聖地——耶路撒冷的遠征軍）影響。這個趨勢也更加活絡德意志地區的經濟發展。

十字軍運動當中最引人注目的，就是為了照顧守護聖

地、受傷或生病的士兵而成立的各地騎士團。德意志也有自己的德意志騎士團，團員與穆斯林作戰的同時，也積極宣揚基督教義。

德意志騎士團的活動範圍也擴及東歐。於是，德意志人的腳步也開始踏入現在的波蘭、捷克和烏克蘭一帶。

與此同時，農民也隨著十字軍運動而積極遷徙東方。德意志地區由於農業技術高度發展，導致人口暴增，農民亟需尋找新的農地。而德意志騎士團也為了保護這些農民的安全而行動。

除此之外，漢薩同盟的城市商人也為了交易穀物、農具、日用品而積極東進，這股發展熱潮一直持續至十五世紀左右。德意志經濟一旦發達起來，農民看待社會的眼光也逐漸產生變化。

比方說，他們開始質疑農奴為什麼要受到領主的控制，還得繳納高額稅金（土地使用費）？為什麼人民必須繳納什一稅（交出農穫所得的十分之一）給教會？眾多農民醞釀的不滿，最終一併指向了國王和教會。

此時的義大利呢？

前面介紹了神聖羅馬帝國在現代德國領土內的歷史，不過，神聖羅馬帝國的疆域也包含現在的義大利。那麼，當時的義大利與羅馬教宗的關係又是如何呢？

皇帝和教宗都主張自己的地位高於對方，彼此互相對立。深入來看，雙方爭論的核心其實是神職人員的敘任權屬於哪一方，這個存在已久的矛盾甚至在西元一〇七七年，引發皇帝海因里希四世（Heinrich Ⅳ）向教宗額我略七世（Sanctus Gregorius PP. Ⅶ）懺悔的事件（卡諾莎之行）。

然而，皇帝此舉不只是為了鞏固神職人員的任命權，實際上也企圖確保行經萊茵河的南北商業路線。海因里希四世的曾孫、因外貌而得「紅鬍子」之稱的腓特烈一世（Friedrich Ⅰ），多次與義大利北部的權貴作戰，令義大利苦不堪言。

腓特烈一世的孫子腓特烈二世，自幼即受到全盛時期的教宗依諾增爵三世（Sanctus Innocentius PP. Ⅲ）的監護與扶持，一生幾乎都在西西里島度過。腓特烈二世是個英明的君王，但他夢想統一義大利，始終沒有回到德意志，因而加劇了德意志分裂的情況。

之後，繼承神聖羅馬皇帝地位的哈布斯堡家族，也為了掌控教會而開始施行對義大利的政策。西班牙和法國也企圖占領義大利，於是從十五世紀末到十六世紀中葉，各國間不斷發生爭奪義大利的戰事。

文藝復興的開始

由於十字軍運動和北義大利商人的貿易活動，使得東羅馬帝國的希臘文化在十四世紀也傳播到神聖羅馬帝國境內。東羅馬帝國傳承的希臘文化，其實包括了基督誕生以前的古希臘文明和羅馬文明，並且於此時再度成為歐洲的文化主流，史稱「文藝復興」（Renaissance，法語的「重生」之意）。

根據基督教義，上帝擁有絕對的權威，是創造世界萬物包含人類在內的創世者。而希臘文化的核心則是重視人本身的自由和個性。隨著希臘文化傳播，人們追求今生享樂的意識也逐漸壯大，這樣的思維就稱作人文主義（Humanism）。

文藝復興的代表建築，正是現在位於梵蒂岡的聖伯多祿大殿（俗稱聖彼得大教堂）。由於古羅馬時代的建築早已破爛不堪，後來才應教宗的要求重建這座教堂。

不過，聖伯多祿大殿的建設資金，卻引發撼動時代的大動盪。教宗為了籌措資金而販賣贖罪券（可赦免罪行的紙張），此舉也就如同告訴基督徒「只要你買了贖罪券，即可抵消你所犯下的罪狀」。

出生於薩克森的神學家馬丁．路德（Martin Luther）對此大為憤怒，於一五一七年發表「九十五條論綱」。他根據聖經的教義，主張「神的救贖不是透過善功捐款，而是來自對神的信仰」。

結果，路德不僅遭到教宗開除教籍，還被神聖羅馬皇帝卡爾五世

（Karl V，西班牙國王稱號為卡洛斯一世〔Carlos Ⅰ〕）下令撤回文件。飽受打壓卻不屈不撓的路德，後來得到與皇帝對立的薩克森選帝侯保護。他將當時以拉丁語撰寫的聖經翻譯成德意志方言，使平民也能讀懂聖經。

剛好就在此時，活版印刷開始盛行，促使德語的聖經和整理了路德教條的書冊得以廣為流傳。路德在翻譯聖經當時，從德意志地區眾多方言當中，選用了薩克森的官方語言來翻譯。這就是現代德語的基礎。

路德的思想獲得整個德意志地區的支持，但另一方面，卻也有不少諸侯支持羅馬教宗。雙方的對立日漸升溫，最終發展成「宗教改革」運動。

崛起的騎士與農民

馬丁．路德發起的宗教改革，令神聖羅馬帝國一片大亂。剛好就在這個時候，大砲等火藥武器普及，原本的一對一作戰形式演變成團體戰。身著沉重鎧甲和頭盔、騎馬持長矛作戰的下級諸侯，也就是騎士失去了用武之地，飽受貧困之苦。眾多騎士迎合路德要求改革的呼聲，藉機發洩平時積累的不滿，襲擊在萊茵河下游的教會和大諸侯。但是前來助陣的勢力並不多，導致暴動立刻遭到鎮壓。

另一方面，農民受到路德「上帝面前人人平等」這句話鼓舞，於西元一五二四年起義，他們批判繳納給教會的什一稅用途，同時訴求減輕賦役（稅金和勞動）。

起初路德支持農民抗爭，但當同樣身為神學家、強力抨擊教廷與封建制度的托馬斯．閔采爾（Thomas Müntzer）成為農民的領袖後，路德便轉向反對立場。

然而，礦工和貧窮的農民也陸續加入閔采爾領導的改革運動，導致運動變得益發激進，於是路德呼籲有力領主出面鎮壓。畢竟，路德本來就相信「社會的秩序是由神而定」，認為一切的責任都在教廷，社會本身的體制現狀並沒有錯。

西元一五二五年，領主鎮壓了農民的抗爭。追隨路德的眾多領主，也因此得以掌控領地內不分追隨教會或路德派的人民。

結果，德意志的領主勢力因為這波宗教改革，進一步更加壯大起來。

皇帝卡爾五世的煩惱

在宗教改革時期，神聖羅馬帝國的皇帝是卡爾五世。卡爾五世同時也是西班牙國王，為了爭奪義大利而與鄰國法國敵對。然而南方的奧斯曼帝國與法國聯手進攻，包圍了神聖羅馬帝國的首都維也納，使帝國陷入空前的危機（最後奧斯曼軍隊因強烈寒流來襲而撤退）。

卡爾五世忙於對抗外侮，對內只能實施取悅路德派領主的政策，結果導致路德派的聲勢擴大。

西元一五二一年舉行的帝國會議上，皇帝宣布禁止路德與其追隨者傳教，招致信奉路德的領主抗議（protest）。從此以後，路德派便被稱為

「新教」(Protestant)。

後來，卡爾五世（天主教）與路德派（新教）持續對立，一五四六年至四七年間，雙方爆發了施馬爾卡爾登戰爭（Schmalkaldic War）。

這場戰爭因卡爾五世勝利而一度終結，但新教領主因行動受限而發起抗爭，戰火再度延燒。雙方遲遲未分勝負，為爭奪義大利持續與法國作戰的卡爾五世，召來所有領邦諸侯，簽訂了《奧格斯堡和約》。

雙方在和約協議「由領主決定領民信仰的宗教」，不過原則上沒有個人的宗教信仰自由，各個領邦或城市只能選擇信仰天主教或是新教（路德派）。

當時的日本

施馬爾卡爾登戰爭爆發的1546年，足利義輝就任成為室町幕府第十三代將軍。當時的幕府，正處於義輝的父親、第十二代將軍義晴與管領細川晴元對峙的局面。後來，細川家的家臣三好長慶以下剋上，推翻了主家。

秘密專欄

德國的國旗、國歌與國徽

渡過歷史風浪的象徵

黑、紅、金三色的德國國旗，稱作Schwarz Rot Gold（黑、紅、金的意思）。這個配色的由來可以追溯到十九世紀初，當拿破崙軍隊橫掃歐洲之際，與其對戰的學生義勇軍的披風和肩章顏色。其中黑色代表勤勉，紅色代表熱血，金色代表至高無上的榮譽。一八四八年，德意志邦聯採用這面旗子，在一九一九年則成為威瑪共和國的國旗。

到了納粹掌權的一九三五年，國旗改為紅底白圓中有卐字的旗幟（Hakenkreuz）。第二次世界大戰後的一九四九年，三色旗作為西德的國旗而再度復活，一九九〇年東西德統一以後，德國全土皆使用三色旗。

德國的國歌《德意志之歌》，是根據一七九七年海頓作曲、獻給神聖羅馬皇帝法蘭

德國國旗的變遷

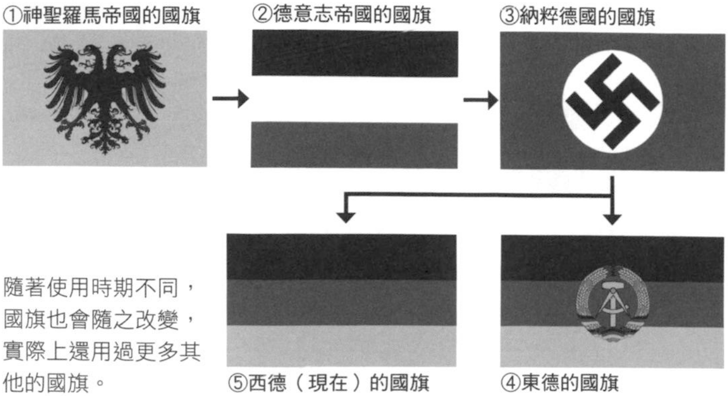

隨著使用時期不同，國旗也會隨之改變，實際上還用過更多其他的國旗。

茲二世的《上帝保佑吾皇法蘭茲》的曲調，由詩人奧古斯特・馮・法勒斯雷填詞寫成，為一九二二年威瑪共和國的國歌。

因這首歌的第一句歌頌德國高於一切，被納粹採用作為國歌染上負面印象而備受抨擊。第二次世界大戰後，便改用貝多芬的《歡樂頌》作為國歌。

一九五二年，德國重回奧運參賽國，認為《德意志之歌》第三段歌詞帶有期盼祖國統一的含義，便重新採用這首歌作為國歌。

德國的國徽制定於一九五〇年，為黃色盾徽配上展翅的黑鷲。德國自神聖羅馬帝國成立以來，始終以黑鷲為象徵。十九世紀的德意志邦聯時代，還使用過雙頭黑鷲為國徽。

耐人尋味的德國偉人❶

神聖羅馬帝國的初代皇帝

奧托一世

Otto I

（912 ～ 973）

抵抗異族、守衛基督教世界

奧托一世生於德國北部的薩克森公國，他在936年繼承父親的衣缽、由周圍權貴推選為法蘭克王國的國王。

而後，奧托一世擊退了入侵西歐的異教徒馬扎爾人。他因為成功守護歐洲地區和基督教世界的安全，而於962年獲得羅馬教宗加冕，成為統治教宗國附近義大利北部與東法蘭克王國的「神聖羅馬帝國」皇帝。

奧托一世積極宣揚基督教並治理各地，授予自己手下的神職人員權力，加強領土內的統治權，在國民心中鞏固了「帝國」的權威。

奧托一世生前的功績廣受讚譽，史稱「奧托大帝」。他在位期間拓展了神聖羅馬帝國的疆域，而這片疆域一直延續到1806年，成為現在德國的前身。

chapter 2

奧地利與普魯士

帝國的中心——奧地利

西元一〇〇〇年左右，東羅馬帝國的領土已擴張至多瑙河上游的東歐一帶，並建設城市文多波納（Vindobona）作為據點，這就是現在的奧地利首都維也納的起源。從維也納沿著多瑙河稍微往下，則是現在的匈牙利首都布達佩斯。

打開現代世界地圖來看，位於德國東方、奧地利與匈牙利北方的國境，是捷克和斯洛伐克。兩個國家以前原本同屬一國，叫作「捷克斯洛伐克」（於一九九三年因民族對立而解體）。中世紀的奧地利，與匈牙利和捷克斯洛伐克關係和睦，尤其捷克還有「波希米亞」的別名，更是構成神聖羅馬帝國的主要國家之一。

奧地利這個國名，是取自東方邊境侯爵的領地「東省」（Ostmark）。邊境侯爵的德文為Markgraf，是指為了保衛神聖羅馬帝國邊界，駐紮在邊區並設置軍事據點的領主。當時，德國東方多次遭到匈人侵略，查理大帝和奧托大帝派遣東省侯爵負責守備。到了大約十二世紀中葉，東省就變成了奧地利公國。

後面就來介紹，作為神聖羅馬帝國主角的各個國家的由來。

來自瑞士的名門世家

身為神聖羅馬帝國西南部（現在的瑞士）諸侯之一的哈布斯堡家族，在十三世紀掌握了奧地利的實權。家族名稱是源自他們作為據點的哈布斯堡（Habsburg）。

哈布斯堡家族的發源地瑞士（當時瑞士還不是國家，但姑且稱之），位於阿爾卑斯山脈的高地，當時是歐洲南北的交通要道，隨著人和物資往來頻繁，逐漸成為歐洲要地。

哈布斯堡家族開始掌控奧地利以後，附近

的瑞士人不願臣服而出面反抗，以三個州為中心組成邦聯，持續抗爭長達兩百年，最終於十五世紀末達成實質上的獨立。

四分五裂的神聖羅馬帝國

國家因為有「領土」才得以成立。但是，十三世紀的神聖羅馬帝國並沒有獲得國際認可的領土，就連皇帝具體的統治範圍也十分模糊。這是因為當時是由各領主巡行向農民徵收稅金，而非皇帝。

比方說，收穫的農作物、飼養動物或是採收蜂蜜等森林的使用權、麵包烤窯和磨穀物用的水車使用權等等，這些農民賴以為生的各種自然資源與設施，都需要課稅，而且農民也沒有四處遷徙的自由。

西元一二七三年，哈布斯堡家族的魯道夫一世（Rudolf Ⅰ），被眾領主推選繼任為皇帝以後，大空位時代正式終結。此後數年間皇帝再度與權貴人士對立，直

16世紀中葉的神聖羅馬帝國

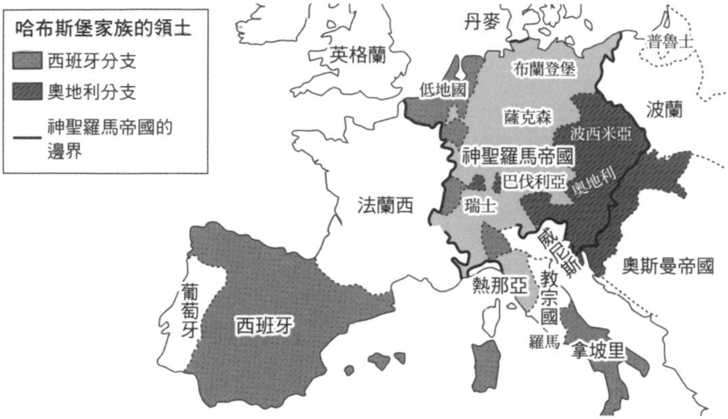

到十五世紀中葉以後，哈布斯堡家族才得以真正壟斷皇位。

哈布斯堡家族不在乎是否能統整神聖羅馬帝國，而是全力投入擴張自己的領地。於是，神聖羅馬帝國便處於徒有虛名的狀態。

到了十六世紀，哈布斯堡家族在帝國之外的勢力也逐漸擴大。一五一九年，神聖羅馬皇帝的卡爾五世，還同時繼承了母親的故鄉——西班牙的國王（他在西班牙的稱號為卡洛斯一世）。

當時的西班牙，領土包含美洲新大陸和菲律賓，勢力遍及全世界，帝國治地不論何時太陽永不落下，而卡爾五世正是君臨「日不落帝國」的皇帝。

卡爾五世駕崩後，哈布斯堡家族分裂為西班牙哈布斯堡王朝和奧地利哈布斯堡王朝。一五六八年，西班牙哈布斯堡王朝政權下的低地國（以荷蘭和比利時為中心的地區）為尋求獨立而起義。

哈布斯堡家族在這場獨立戰爭中敗北，低地國於一六〇九年成功獨立（但直到一六四八年才正式獲得承認）。

另一名主角——普魯士

另一個在神聖羅馬帝國扮演重要角色的國家，就是普魯士。

普魯士大致有兩個起源。一和奧地利相仿，發源自守衛易北河東方的布蘭登堡（Brandenburg）邊境侯爵。起初此職位是由奧托大帝出身的薩克森家族擔任，後來輾轉其他家族，從一四一五年改由霍亨索倫家族（Hohenzollern）繼承。

布蘭登堡邊境侯爵領地的東方，也有德國人的足跡。普魯士的另一個起源，便是德意志人向東方拓展的殖民地。德意志騎士團（編註：中文舊譯「條頓騎士團」為英譯名，德文為Deutscher Orden）在保護這批拓荒農民同時也積極宣揚基督教。十三世紀中葉，騎士團於現今波蘭北部建立「德意志騎士團領地」。

德意志騎士團與當地原住民古普魯士人作戰，並驅逐了他們，而後承襲普魯士之名，成立普魯士公國。此時的普魯士公國隸屬教廷，在羅馬教宗的管轄之下。

名門霍亨索倫家族

十六世紀初，來自霍亨索倫家族的阿爾布雷希特（Albrecht）被推選為德意志騎士團的團長。他在一五二三年從原本的天主教信仰改信路德新教；兩年後，德意志騎士團成為了不受羅馬教宗管轄的「世俗國家」——普魯士公國。

一六一八年，布蘭登堡公國與普魯士公國合併，成為布蘭登堡－普魯士公國。

一七〇一年，奧地利（哈布斯堡家族）和法蘭西（波旁家族）之間爆發西班牙王位繼承戰爭。此時的布蘭登堡－普魯士公國，以協助奧地利為條件，得以升格成為「王國」。於是「普魯士王國」就此誕生，在帝國內獨占鰲頭。

附帶一提，奧地利的哈布斯堡家族雖然代代繼承神聖羅馬帝國的皇位，但邦國本身仍是「大公國」等級，地位低於王國。

波希米亞大動亂！

西元一六一八年到一六四八年，神聖羅馬帝國發生持續三十年之久的宗教戰爭。接下來就依循戰爭的脈絡，陸續介紹其他的領邦國。

哈布斯堡家族的皇室成員斐迪南二世（Ferdinand II），被任命為其中一個領邦國波希米亞（捷克）的國王。但是在一六一八年，不承認他是王位繼承人的部分波希米亞人，在布拉格將哈布斯堡家族的官員活活從窗戶扔到樓下。

波希米亞原本就是傾向反對天主教的地區，因此與信奉天主教的德意志王國人民對立。這起事件最終釀成了「三十年戰爭」。

波希米亞無法團結對外，被奧地利打得落花流水。反抗哈布斯堡家族的諸侯全數遭到處死或流放，財產充公。波希米亞國王斐迪南二世，更是下令強迫國民信奉天主教。

戰爭的舞臺接下來轉移到萊茵河中游的普法茲（Pfalz），這裡是新教另一個宗派——喀爾文派的據點。西班牙和奧地利等舊教（天主教）聯軍，於一六二三年率軍攻陷普法茲。

這支聯軍當中，也包含了有力領邦巴伐利亞公國。

巴伐利亞原本只是個小領邦，但是在

十六世紀的宗教改革時期因為支持羅馬教宗，勢力才得以迅速壯大。

巴伐利亞因為打贏了普法茲戰爭，從而獲得了普法茲選帝侯的地位。

至於支持天主教的西班牙，則是負責管轄在皇帝遴選中最具影響力的普法茲選帝侯的領地，並確保了萊茵河沿岸的交通要道，也就是連結義大利和低地國的「西班牙道路」。到這裡為止，就是三十年戰爭的第一階段。

反哈布斯堡同盟成立

西班牙的勢力在西歐中部擴大，自然激起了法國的危機意識。於是，北德意志信奉路德宗（新教）的諸侯，和荷蘭、英格蘭、丹麥等新教體系的國家，開始慢慢籌備「反哈布斯堡同盟」，並且於一六二五年組成海牙聯盟。

三十年戰爭自此展開第二階段。同盟方面，有丹麥國王克里斯蒂安四世（Christian Ⅳ）參戰；天主教陣營，則由僱傭兵隊長華倫斯坦（Albrecht von

Wallenstein）率領十萬帝國軍抗戰。

軍事力量更高一籌的帝國軍，在戰爭中位居上風，最後雙方於一六二九年簽訂和約。過去遭新教勢力奪占的教宗國，得以歸還給教廷人馬。

然而就在此時，神聖羅馬帝國國內卻開始擔憂皇帝的權力大到可以隻手遮天。戰爭的功臣華倫斯坦一舉成為時下的寵兒，皇帝不樂見他的權力過度膨脹，便直接解除了他的職務。

姍姍來遲的瑞典

神聖羅馬帝國動盪不安的局勢，引來其他勢力參戰，那就是瑞典國王古斯塔夫二世・阿道夫（Gustav II Adolf）。戰爭展開第三階段。

西元一六三一年，阿道夫與薩克森選帝侯、布蘭登堡邊境侯爵結為同盟，聯手對抗帝國軍。帝國軍在此戰敗，只好召回華倫斯坦來指揮作戰。

儘管瑞典在呂岑會戰中擊敗了華倫斯坦率領的軍隊，但國王阿道夫卻在這場會戰中不幸戰死。後來，華倫斯坦目中無人的行徑引發眾人抨擊，最後遭到暗殺而亡。

一六三五年，皇帝與薩克森等領邦簽訂和約，同意將新教派系領主的領地歸還給原本的領主。

即使如此，戰爭卻依然沒有結束。這次是法國首席大臣黎希留（Cardinal de Richelieu）決定參戰，目的在於削弱奧地利哈布斯堡王朝的勢力。奧地利與法國同屬天主教國家，卻依然加入戰爭。

從這個時候開始，戰爭性質已經不再是宗教戰爭，而是為了爭奪領土而戰。法國參戰使得情勢變得更加複雜。

一六四〇年代以後，各國疲於作戰而展開和平協商。一六四八年，神聖羅馬帝國分別在明斯特（Münster）與法

國、在奧斯納布魯克（Osnabrück）與瑞典和談，簽訂了《西發里亞和約》（Westfälischer Friede）。

三十年戰爭終於畫下句點，宗教問題也得以解決，同時還決定了日後該如何協調國家之間的利弊。

總共三百國！

《西發里亞和約》決定繼續實行《奧斯納布魯克條約》當中由領主決定領地信仰的規範。獲得內政權利和外交行使權的領主，多半都成了各自獨立的勢力。

結果，領邦國的數量一口氣大增，從奧地利、普魯士這些大型勢力，到普法茲、布朗施維克等中小型領邦，大約多達三百個。

300國組成神聖羅馬帝國

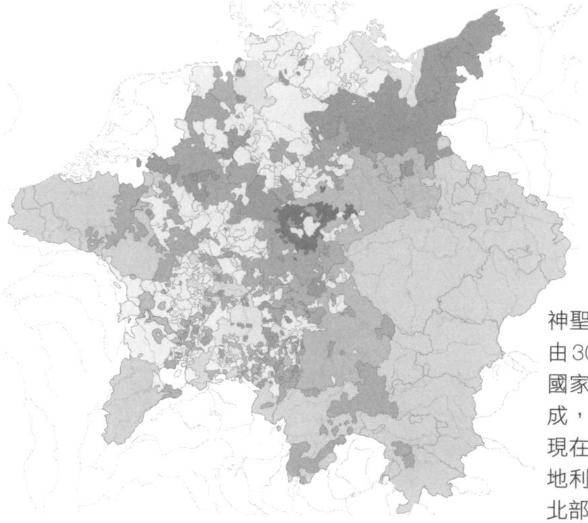

神聖羅馬帝國由300個領邦國家和城市構成，疆域遍及現在德國、奧地利、義大利北部、捷克。

此外，亞爾薩斯地區和洛林地區（現在的德國與法國邊境），也有許多法國的據點。而在西波美拉尼亞（位於奧得河的下游流域），則有瑞典管轄的土地。至於脫離哈布斯堡王朝統治的瑞士和荷蘭，其獨立主權也獲得了正式的承認。

三十年戰爭使得神聖羅馬帝國失去了維繫帝國的體制和領土，雖然帝國之名依然延續，但已然是名存實亡。之後，德意志又再度有大難降臨。

太陽王來襲！

三十年戰爭末期，路易十四登基成為法國國王。路易十四以絕對君主的身分君臨法國，自號太陽王。此時期的法國與四分五裂的神聖羅馬帝國可謂大相逕庭。

路易十四為了宣揚國威而擴張領土，陸續向周邊地區宣戰。一六八八年，法軍進攻法德邊界的亞爾薩斯－洛林（Elsaß-Lothringen）。起因是神聖羅馬帝國的名門普法茲選帝侯後繼無人，路易十四打算安排自己的親戚繼任這個位置。

另一方面，神聖羅馬帝國皇帝利奧波德一世（Leopold I），則是與反對法國擴張領土的西班牙、荷蘭、瑞典組成奧格斯堡同盟（Augsburger Allianz）。同年，英國（大不列顛）發生光榮革命，這場革命促使英國國王威廉三世也加入奧格斯堡同盟。一六八八年至一六九七年，同盟軍陸陸續續與法軍長期交戰，最後終於成功擊退法國。

後來，路易十四又為了奪占西班牙國王王位而展開行動。一七〇〇年，西班牙國王卡洛斯三世駕崩後，延續長達一百八十年的西班牙哈布斯堡王朝後繼無人。路易十四看準了這個機會，計劃將自己的孫子推舉成為西班牙國王。一旦事成，西班牙就等於歸為路易十四的血脈波旁家族所有。為了阻止路易十四，奧地利便與各國聯手對抗法國（西班牙繼承戰爭）。

開戰初期，雖然是由法國占了上風，但是在英國的奮戰之下，聯軍卻逆轉了情勢。然而到了一七〇五年，利奧波德一世逝世，繼位者約瑟夫一世（Joseph I）也在一七一一年驟逝。

約瑟夫一世的弟弟卡爾六世繼位為神聖羅馬皇帝後，同盟國認為「要是像以前一樣出了卡爾五世這種皇帝，神聖羅馬帝國又會再度擴張」，因而

當時的日本

奧地利和法國為爭奪西班牙王位而交戰不休時，同一時期日本正值江戶時代，當時的幕府將軍是有著「犬公方」之稱的德川綱吉。1703年的冬日清晨，大石良雄率領47名刺客，攻入現在位於東京墨田區兩國的吉良義央宅邸，這就是日本史上著名的赤穗事件。

決定與法國簽訂和約。結果，各國以西班牙和法國不得由同一君主統治為條件，承認了波旁家族在西班牙的王權。

奧地利則是承認低地國南部（現在的比利時等地）與義大利的米蘭公國、拿坡里王國、薩丁尼亞島合併。

普魯士期間陸續誕生腓特烈一世（Friedrich Wilhelm von Hohenzollern）、腓特烈．威廉一世（Friedrich Wilhelm I）等名君，大幅強化了國力。

接續在後，於一七四〇年即位的腓特烈二世（Friedrich II von Preußen, der Große，史稱腓特烈大帝），也採取同樣的方針，傾力強化內政。然而，在腓特烈二世登基當年，奧地利發生了王位繼承問題，再次點燃新的紛爭。

女人當家，究竟行不行？

從三十年戰爭以及之後陸續發生的戰亂，可以看出對於當時的歐洲各國君主而言，王位繼承乃是至關重大的事。然而女性並沒有繼承權，只要家族裡沒有男性繼承人，血脈就會斷絕、地位遭到其他家族奪占。

儘管天主教禁止離婚，但仍有國王為了生出男孩而多次結婚又離婚。

奧地利大公兼神聖羅馬皇帝卡爾六世，趁著與法國和平協商時，為避免繼承權問題，在一七一三年訂立所有家族成員（包含女兒）皆擁有哈布斯堡家繼承權。

這項前所未有的規定，遭到多位國王和領主以「恐引發國家大亂」為由反對。卡爾六世給予英國和法國貿易特權、歷經多次商議後，才終於獲得國際承認。

一七四〇年，卡爾六世駕崩，根據法律規定，其長女瑪麗亞・特蕾莎（Maria Theresia）繼任奧地利大公。但是，薩克森選帝侯和巴伐利亞選帝侯卻出面表示反對；普魯士新君腓特烈二世甚至進軍奧地利的領土西利西亞（Schlesien）。

其實，普魯士並不在乎瑪麗亞・特蕾莎能不能就任為奧地利大公，他們的目的只有奪下礦產豐富的西利西亞地區。另一方面，法國和西班牙則是企圖削弱奧地利的勢力，因此選擇加入薩克森與巴伐利亞的同盟。

瑪麗亞・特蕾莎的家譜

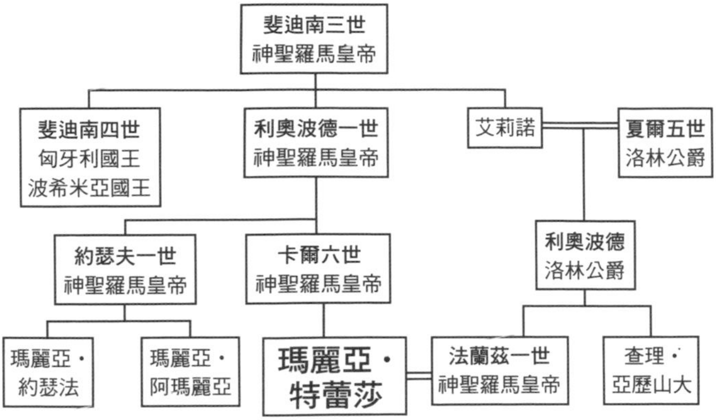
斐迪南三世
神聖羅馬皇帝
斐迪南四世
匈牙利國王
波希米亞國王
利奧波德一世
神聖羅馬皇帝
艾莉諾
夏爾五世
洛林公爵
約瑟夫一世
神聖羅馬皇帝
卡爾六世
神聖羅馬皇帝
利奧波德
洛林公爵
瑪麗亞・約瑟法
瑪麗亞・阿瑪麗亞
瑪麗亞・特蕾莎
法蘭茲一世
神聖羅馬皇帝
查理・亞歷山大

雖然瑪麗亞．特蕾莎獲得與法國為敵的英國協助，但依舊危機四伏，於是只好請求麾下的匈牙利大公支援，戰爭就此爆發。

皇帝輪到誰家？

奧地利王位繼承戰爭爆發當時，神聖羅馬帝國國內還面臨了另一項重大的問題，那就是——應該由誰繼任皇帝？

儘管女性擁有哈布斯堡家族的繼承權，也享有繼承奧地利大公的權利，卻無權即位為神聖羅馬帝國的皇帝，所以瑪麗亞．特蕾莎無法繼任。選帝侯會議的最終結論，是推舉巴伐利亞選帝侯卡爾．阿爾布雷希特（Karl Albrecht），以卡爾七世之名即位。自此以後，哈布斯堡家便失去了神聖羅馬帝國的皇位繼承權。

一七四二年，奧地利與法國等國簽訂和約，西利西亞遭到普魯士占領。翌年匈牙利軍重整架勢占領巴伐利亞，與薩克森結盟。至此，敵人就只剩下普魯士。

一七四五年，神聖羅馬帝國皇帝卡爾七世駕崩，瑪麗亞・特蕾莎的丈夫法蘭茲・史蒂芬（Franz Stefan）獲選成為神聖羅馬皇帝法蘭茲一世。同年，奧地利與普魯士簽訂和約，普魯士費盡千辛萬苦才保住了西利西亞。

德意志方面的戰事就此終結，但對立更加嚴重的英國和法國，直到一七四八年仍在加拿大和印度等殖民地爭戰不休。

奪回西利西亞！

奧地利王位繼承戰爭過後，瑪麗亞・特蕾莎為了重建國家威嚴，打算設法奪回西利西亞。然而，只靠奧地利自己單槍匹馬，根本對付不了強大的普魯士。

因此，瑪麗亞・特蕾莎決定討好長年敵對的法國。具體作法是將女兒瑪麗・安東妮（Marie Antoinette）嫁給法國王子路易（後來的路易十六）。此外，瑪麗亞・特蕾莎還與厭惡普魯士腓特烈二世的俄羅斯結為同盟。

一七五六年，普魯士終於決定開戰，第一個攻擊目標就是薩克森。雖然普魯士與英國、漢諾威選帝侯結為同盟，但卻遭到奧地利、法國、俄羅斯包圍而陷入苦戰，柏林甚至一度遭到占領，腓特烈二世甚至還考慮過自殺。

然而到了一七六二年，戰況徹底扭轉。俄羅斯沙皇伊莉莎白去世，彼得三世登基。彼得三世非常尊敬腓特烈二世，於是下令軍隊撤離戰線。

法國也因為與英國在美洲新大陸和印度展開殖民地戰爭，對普魯士一戰只是敷衍了事。奧地利無法憑一己之力戰勝普魯士，於是戰況對普魯士愈來愈有利。

這場戰爭拉鋸長達七年，奧地利終究無法奪回

當時的日本

當彼得三世即位，成為俄羅斯沙皇的1762年，日本則是由女天皇、第117任後櫻町天皇即位。後櫻町天皇是第115任櫻町天皇的第二皇女，在異母胞弟桃園天皇（第116任）駕崩後，因為其子英仁親王年紀尚小，皇女才以「代理」的名義即位。

西利西亞。結果奧地利必須施行國內改革，並且由瑪麗亞·特蕾莎的兒子、神聖羅馬皇帝約瑟夫二世執行。此外，普魯士在帝國內也占盡了優勢。

從此以後，德國的歷史便是由普魯士與奧地利所推動。

一國之君的思量

十八世紀下半葉，普魯士的腓特烈二世、奧地利的瑪麗亞·特蕾莎，以及其子約瑟夫二世，皆被視為「啟蒙專制」（Enlightened absolutism，或譯開明專制）的代表性君主。所謂的「啟蒙」，簡單來說是「教化人民、習得知識」；「專制」則是指「君主擁有絕對的統治權力」。

當時的普魯士和奧地利，兩國的主要產業是農業，與當時英國和西班牙等航向海外從事貿易的國家相比，市民的知識水準太低，所以經濟發展才會停滯不前。

腓特烈二世和瑪麗亞·特蕾莎明白國內的困境後，認為必須在自己的領導下教育人民，遂實行政治改革。

比方說，腓特烈二世自小熟讀法國啟蒙思想家孟德斯鳩（Montesquieu）的著作《論法的精神》（*De l'esprit des lois*），還寫下了著作《反馬基維利》（*Anti-Machiavel*）。他認為，「君主的最大義務，就是謀求人民的幸福與公共福利」。腓特烈二世主導普魯士的近代化運動，力行照顧農民生活的政策；但是，可任意使喚農民的容克（Junker，即貴族地主）依然坐擁大權，不願意幫助腓特烈二世推行改革。

瑪麗亞·特蕾莎也力圖推動奧地利近代化。她禁止了隸屬於天主教會卻又享有各種特權的耶穌會，採用教會以外的人士、致力於發展教育事業。其子約瑟夫二世也承襲了這項政策。

急於改革的約瑟夫二世，一生頒布了六千多條法令，但因為他忽視現狀、凡事都想改變，結果遭到既得利益者強烈反彈。在他死後，生前頒布的多項法令被迫撤除。

天才藝術家嶄露頭角

當帝國正因戰亂而動盪不安之際，各地卻開始蓬勃發展出嶄新的文化活動。

從十八世紀後半到十九世紀，來自普魯士柯尼斯堡（Königsberg，即現在的加里寧格勒）的康德（Immanuel Kant）、來自符騰堡公國司徒加特的黑格爾（Georg Hegel），創立了後來稱為「德國唯心主義」的新興哲學思想。日後的德國，還有馬克思（Karl Marx）繼承黑格爾的思想，奠定了社會主義的理論（力求實現窮苦勞工皆能快樂生活的社會）。

其他還有提倡悲觀論的叔本華（Arthur Schopenhauer）、提倡超人思想的尼采（Friedrich Nietzsche）、創立精神分析學的佛洛伊德（Sigmund Freud）等等，各家學者陸續登場。

在音樂領域，也出現了多位現代教科書必定提及的作曲家，像是巴洛克音樂的集大成者巴哈（Johann Bach，出生於現在的圖林根）、古典派巨匠海頓（Franz

Haydn，出生於現在的下奧地利邦）、維也納古典派的莫札特（Wolfgang Mozart，出生於現在的奧地利薩爾斯堡），以及有樂聖美譽的貝多芬（Ludwig van Beethoven，出生於現在的北萊茵－西發利亞）等人。而吸引眾多音樂家雲集的維也納，又有「音樂之都」的稱號。

文學方面，則是掀起了「狂飆突進運動」（Sturm und Drang），注重人文情懷的作風風靡一世。過去作為主流的法國貴族文學不再受歡迎，而是流行深入描寫青年生活悲喜的作品。來自法蘭克福的歌德（Johann Wolfgang von Goethe）所寫的《少年維特的煩惱》（*Die Leiden des jungen Werthers*），以及來自符騰堡的席勒（Friedrich von Schiller）所寫的《強盜》（*Die Räuber*），至今仍是家喻戶曉的名作。到了十八世紀後，雖然各領邦的狀況不同，但是初等教育（小學程度的教育）已經普及農村。

宗教改革以後，學校從原本柔性宣揚基督教，變成教授講求實用性的學問，也有國語和數學的教科書。能識字的人愈來愈多，雜誌、報紙、書籍也開始出版。

在法國發展而成的沙龍文化（知識分子的聚會）後來也傳入了德國，啟蒙思想逐漸傳開，促成新興大學成立，讓德國人的知識水準愈來愈高。

岌岌可危的王政

七年戰爭結束後，歐洲情勢得到了短暫的安寧，卻又在一七八九年七月十四日一夕崩毀。巴黎市民進攻巴士底監獄，揭開法國大革命的序幕。不滿政府賦稅政策的市民群起暴動。

革命當時，奧地利和普魯士向法國的革命政府發出警告：「推翻王政視同挑戰歐洲王權。」法國議會和政府因此向奧地利宣戰。奧地利起初還占有優勢，但最後仍敗給了法國國民組成的義勇軍。

一七九三年一月，路易十六送上斷頭臺；十月，王后瑪麗・安東妮也被處死。王后的故鄉奧地利因此擔心革命的戰火會延燒到境內，推翻君主制。

同年，英國、西班牙、荷蘭、普魯士等國組成了第一次反法同盟，武裝進攻法國。但是，普魯士比起法國革命的動向，反而更在乎牽制俄羅斯的波蘭分裂問題，因此短短兩年便退出同盟。

另一方面，法國於一七九四年發起武裝政變，建立了新政府，並利用國民徵兵來組成軍隊，而軍隊的指揮官正是軍事天才拿破崙（Napoléon Bonaparte）。奧地利與拿破崙率領的軍隊苦戰到最後，於一七九七年和法國簽訂和約。根據這份條約，奧地利需將萊茵河左岸的土地割讓給法國。反法同盟就此瓦解。

拿破崙所向無敵

和約簽訂兩年後，在法國掌握實權的拿破崙再次進攻奧地利。奧地利在這場戰爭中敗北，於一八〇一年簽訂和約，失去了北義大利的領土。

到了一八〇四年，拿破崙在法國國民選舉中勝選、登基成為法國皇帝，這項消

息大幅震盪了歐洲各國。

尤其是奧地利，為了繼續維持皇帝的權威而修改國家體制，創建奧地利帝國。英國則是與俄羅斯聯手，三國共同組成反法同盟（第三次）。

其中發生在伊比利半島海岸的特拉法加海戰，由中將納爾遜（Horatio Nelson）率領的英國海軍雖然大破法國海軍，但是在陸地戰方面，同盟軍卻根本打不過萬夫莫敵的拿破崙。

而在奧斯特利茨（現在的捷克）戰役，俄羅斯和奧地利聯軍也敗給了拿破崙率領的法軍。

眨眼即逝的帝國榮光

一八〇六年，拿破崙攏絡了德國西部的中小型領邦、組成「萊茵聯盟」(Rheinbund)。雖說是聯盟，但仍是按照拿破崙的意志來行動。

隨著萊茵聯盟的成立，由三百多個領邦國家組成的神聖羅馬帝國分裂，達到實質上的滅亡。

在這場動盪之中，普魯士和俄羅斯組成同盟、與法國交戰，但最後敗北。柏林落入法軍手中，普魯士於一八〇七年簽訂條約，同意賠款並放棄領土。

入主柏林的拿破崙頒布敕令，為了打擊英國的經濟，下令普魯士等從屬國禁止進口英國的商品。

拿破崙仍持續征戰歐洲大多數的地區。奧地利趁

西班牙與英國開戰的機會，三度向法國宣戰，卻一敗塗地，淪落到和普魯士一樣賠款、割讓領地的下場。

改革在即！

慘敗給拿破崙的普魯士記取教訓，開始投入國內改革，廢除國王專政、變更政治體制。城市方面，市民得以開始自由從事商業買賣；農村方面，原本像奴隸一樣任人宰割的農民，也得到了遷徙的自由，但是容克的管轄權依然保留下來。

普魯士也進行了軍制改革，不再採用由貴族擔任元帥的傭兵軍團，而是改成徵兵制，由市民組成國民軍。

普魯士開始改革十多年後，改革的領導者首相施泰因（Baron vom und zum Stein）流亡外地、繼承的哈登堡侯爵（Karl August von Hardenberg）去世，結果以失敗告終。普魯士與拿破崙作戰期間，仍有一群保守勢力為了維護象徵土地

所有權的身分制度與相應的特權而大力反對，導致改革毫無建樹。

歸為法國管轄的地區，則是展開法國式的改革。基於法律面前人人平等的精神，廢除領主和農奴的身分制度，徹底改變統治體系。

拿破崙戰爭後的德國經濟，從法國統治下的西部開始發展。部分領邦採用君主立憲制（用憲法限制君主權力的君主制），制定了憲法。

此外，拿破崙統治和法國大革命的影響遍及整個德國，其中也蘊釀出自己是德國人的國民意識。哲學家費希特（Johann Gottlieb Fichte）公開發表演說「告德意志國民書」，呼籲發動教育改革。到了一八一〇年，柏林大學正式創校。

大會在跳舞，卻無進展

打倒拿破崙的機會忽然從天而降。一八一二年，由於俄羅斯不願遵守柏林敕令對英國實施經濟封鎖，拿破崙決意懲戒俄羅斯，隨後與奧地利和普魯士結成軍事同盟，普軍和奧軍也因此加入了這場遠征。但是，法軍卻不敵俄軍捨命抗敵的攻勢，又遭到冬天大將軍（寒流）沉重的打擊，只能黯然撤退。

撤軍後，普魯士軍便脫離法軍，再度與法國作戰。奧地利也加入戰局，其他領邦也同仇敵愾。在一八一三年的萊比錫戰役，聯軍終於擊敗拿破崙、奪得歷史上的勝利。翌年，聯軍入主巴黎，逮捕拿破崙並且流放至厄爾巴島。

除去拿破崙威脅的歐洲各國召開會議，力圖重振，當中的中心人物就是奧地利外交大臣梅特涅（Klemens Wenzel von Metternich）。梅特涅召集各國代表前往維也納，並主持商討「今後的去路」。

然而，各國意見始終相左，始終沒有得出任何結論；不僅如此，各國代表在對

談後還連日舉辦舞會，處於「大會在跳舞，卻無進展」的狀態。

就在此時，拿破崙逃離厄爾巴島的消息傳來，全員才發覺「大事不妙」，於是會議上迅速達成共識，簽署了《維也納條約》。

一個月後，在滑鐵盧戰役團結合作的英國、荷蘭聯軍與普魯士軍，終於徹底打敗了拿破崙。

最後拿破崙被流放到不可能逃脫的大西洋孤島聖赫勒拿，在那裡度過餘生。這股大顯神威二十年的拿破崙旋風，在推翻了神聖羅馬帝國後，終於煙消雲散。

神聖羅馬帝國的意義

遭到拿破崙消滅的神聖羅馬帝國，究竟代表了什麼意義呢？

首先，對歐洲人來說，古羅馬帝國是過去古老美好年代的大國，而繼承其精神的東羅馬帝國也值得敬畏。

但是，十四至十五世紀的有力諸侯（領主）林立，漸漸改變了帝國的形象。他們承認皇帝的權威，內心卻又暗藏著推翻皇帝的野心。

終結了三十年戰爭的《西發里亞和約》，又稱作「神聖羅馬帝國的死亡證明」。雖然皇帝的權威盪然無存，但神聖羅馬帝國這之後依舊苟延殘喘了一百多年，因為「羅馬」一名仍具有高貴的價值。

拿破崙給了帝國致命一擊，而在拿破崙消殞之後，隨著歐洲勢力重組，擁有德國人身分認同的人民才開始建設新的國家。

秘密專欄

德國的名門世家

名留青史的威廉一世，血脈依然長存

本專欄來介紹從神聖羅馬帝國一直延續到現代的兩大名門世家。

十五世紀成為德國東部布蘭登堡選帝侯的霍亨索倫家族，在十六世紀成為神聖羅馬帝國認可的普魯士公爵。普魯士在一八七一年的普法戰爭中勝出，威廉一世隨即登基為皇帝，成立德意志帝國。

但是，後文將會提到，德意志帝國實施的擴張政策卻導致第一次世界大戰爆發，帝國也因為戰敗而覆滅。普魯士王國瓦解，霍亨索倫家族失去了德意志的統治權。雖然家族血脈依然傳承至今，但已經與政壇毫無瓜葛。然而，矗立於家族發跡地、位在德國南部施瓦本的霍亨索倫城堡，至今仍是莊嚴肅穆的觀光名勝。

與英國王室有著血緣關係的漢諾威家族，原本是擁有現在德國西北部下薩克森邦

德意志帝國皇帝

威廉一世
（1797-1888／1871-1888在位）

威廉二世
（1859-1941／1888-1918在位）

漢諾威一帶土地的選帝侯家族。

一七一四年，英國女王駕崩後，母親擁有英國王室血統的漢諾威選帝侯格奧爾格一世·路德維希，以喬治一世的名號登基為英國國王，同時統治英國與漢諾威。

由喬治一世開創的王朝，就稱作漢諾威王朝，後來則延續至現在的英國王室溫莎王朝。

嫡系的德國漢諾威家族在十九世紀後成為漢諾威王國的國王，但國家體制卻在普魯士急速躍進與世界大戰中瓦解。漢諾威家族的血統，現在仍由王族的末裔代代傳承下去。

絕不向命運屈從的音樂家

貝多芬

Ludwig van Beethoven

（1770～1827）

以音樂演繹身而為人的高貴精神

貝多芬自小受到酗酒的父親強迫，才開始學習音樂，一肩扛起沉重的家計，13歲就到宮廷擔任音樂家。之後他遠離故鄉波昂、前往維也納，在海頓門下接受音樂訓練。

貝多芬對於鼓吹自由與平等的法國大革命產生強烈的共鳴，在封建統治走向近代國家的動盪歐洲社會中，透過音樂傳達自己的思想。即使阻撓平民追求自由的貴族統治，以及從20多歲開始就逐漸失聰的聽障問題，都深深困擾著貝多芬，但他仍持續創作音樂來激勵自己。

貝多芬在19世紀初，寫下了《英雄》、《命運》與《田園》等多首流傳至今的知名交響曲。他跳脫了過去僅作為貴族娛樂的音樂框架，留下多數憾動人心的作品。清高的音樂家貝多芬晚年因病魔纏身，56歲便與世永別。

chapter 3

動亂的德意志邦聯

大革命後的新秩序

維也納條約的基本原則，是正統主義與勢力均衡。前者是法國代表塔列朗親王的主張，方針是將歐洲恢復至法國大革命以前的狀態；後者雖然窒礙難行，但目標是要設法保持各國之間的勢力平衡。由於當時並沒有軍事武力特別凸出的國家，所以這個原則才能輕易為各國所接受。

在這些原則下建立的全新國際社會架構，就稱作「維也納體系」。為了維持這個狀態，奧地利、普魯士、俄羅斯、英國組成了四國同盟（一八一八年法國加盟，成為五國同盟；英國於一八二二年退出，再度成為四國同盟）。

俄羅斯沙皇亞歷山大一世在維也納會議中，提出遵循基督教精神、以維護歐洲和平為宗旨的「神聖同盟」。由於此案可以保障共同信仰基督教的歐洲和平，因此沒有國家提出異議。

然而，國家利益至上的英國，並不喜歡這種只強調方針卻無實質內容的協議，於是沒有參與這個同盟。羅馬教宗也宣稱不願與信仰新教的國家結盟，而拒絕簽署文件。

「德意志」誕生！

根據維也納條約，法國和西班牙被推翻的王政得以復辟，但神聖羅馬帝國無法重建，因為遭到拿破崙占領的中小型領邦已經消失，從現實來看不可能恢復原狀，因此只能成立新的「德意志邦聯」（Deutscher Bund）。一八一五年六月八日，國名才終於定為「德意志」。

德意志邦聯是由三十五位君主國和四座自由市（沒有君主的自治城市）構成。君主國包含了奧地利帝國、普魯士、薩克森、漢諾威、巴伐利亞、符騰堡這五個王國，以及數個大公國、公國和侯國。自由市則是漢堡、呂北克、不來梅、法蘭克福。

維也納會議後的歐洲

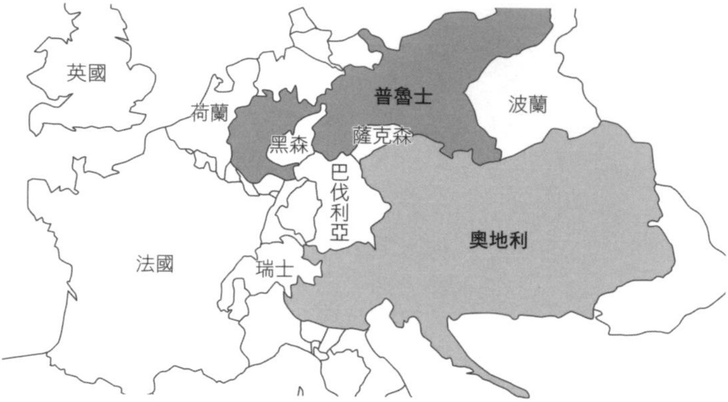

在神聖羅馬帝國當中，從形式上來說地位最高者是可以選任皇帝的奧地利，而德意志邦聯中的邦聯議會議長國也是奧地利。

在邦聯會議上，各國會討論保障德意志整體安全的議題，各個君主國、自由市皆依人口而分別擁有一到四票的決議權，以及關稅和軍隊自主權。

「德意志邦聯」是一種鬆散的聯合體制，與其說是統一國家，也可以視為「德意志聯盟」或「德意志同盟」。

維也納條約也規定了德意志邦聯的領土。首先，一度被拿破崙占領的萊茵河沿岸地區都歸還原主。奧地利將原本領有的比利時及其他南部低地國區域割讓給荷蘭，換來北義大利的倫巴底和威尼斯。

隸屬邦聯的普魯士，則是獲得薩克森境內工業發達的萊茵蘭（萊茵河左岸）與西波美拉尼亞。

於是，奧地利和普魯士都成為邦聯內的最大勢力。

自以為是的學生引發插曲

沒有拿破崙以後，德國追求言論和信仰自由的運動逐漸推廣開來，而運動的推手就是學生組織「統一自由運動學生會」。

期間，在一八一七年舉辦了路德鼓吹宗教改革的三百週年紀念慶典，而事情就這麼發生了。曾與破崙作戰的部分學生，公開放火燒毀批判自由主義（尊重個人自由的思維）的書籍，此事大大衝擊了奧地利首相梅特涅。

邦聯內有好幾個國家開始推行君主立憲制，所以梅特涅與普魯士聯手打壓學生運動和君主立憲制的推行。一八一九年，政府利用推行運動的激進派人馬發起的恐攻事件，正式開始鎮壓。

身為邦聯中心的奧地利，自然也不允許自由主義橫行。由於奧地利是涵蓋捷克人和匈牙利人等多個民族組成的國家，一旦開放言論和宗教自由，國家就會分崩離析。在實質上由奧地利和普魯士統治的德意志邦聯，要實現自由主義根本是天方夜譚。

梅特涅召集了邦聯內的主要國家代表，決議禁止非法集會、強化言論審查，將自由主義思想的管制列入邦聯的法律條款；並且在一八二〇年依法訂立君主制國家，徹底封鎖君主立憲制的活路。

十年後，法國發生七月革命，絕對王權瓦解，比利時脫離荷蘭獨立建國。

這場動盪也波及了德國，德國北部的薩克森與漢諾威都採用了君主立憲制，西南部也有學者鼓吹言論自由，還出現了高唱「自由與統一」的激進派人士。

身陷危機的梅特涅再度下令鎮壓這些活動。當時本來是大學教授的格林兄弟（Brüder Grimm，寫下《白雪公主》等童話的作家）還因為抗議政府的打壓而遭到大學開除。

大家來吃馬鈴薯！

因三十年戰爭而一度銳減的德國人口，到了十八世紀後半又逐漸攀升。因為剛好在這個時候，英國發起工業革命，德國也受到了影響。

人口增加首當其衝的問題，就是糧食。當時的歐洲，在貧瘠土地也能生長的馬鈴薯產量大增，於是德國也栽種馬鈴薯作為國民主食。

當時的日本

1823年，有位德國醫師造訪日本，他就是以荷蘭商館的軍醫身分在長崎開設私塾、推廣西洋醫學的西博德（Philipp Franz von Siebold）。其實，西博德是奉命調查日本才會渡海而來。西博德在1828年返國時，還因為打算攜出日本地圖而遭處刑入獄。

其次的問題是保障勞雇關係。城市的商人和資本家將原料送往農村，讓農民負責紡織（編織絲線），這就是「散作制度」。如此一來，貧窮的農民也能得到工作。

另一方面，城市則是普遍採用勞工聚集在工廠、分工大量生產的方法，這就是「工廠制度」。尤其是普魯士，從十九世紀初就保障了這種產業的「營業自由」。而且隨著機械化的進步，以大規模工廠為主的產業逐漸發展，使德國的經濟開始大幅飛躍。

普魯士號召關稅廢除

經濟發展促進物流繁榮後，又衍生出新的問題，

那就是國內關稅和過路稅的負擔。特別是普魯士，即使廢除了自己國家的關稅，卻因為領土分散於邦聯各地，導致必須行經多個國家才能運輸物產。這件事嚴重壓迫到國家財政。

此外，普魯士因為開始發展軍需產業，行動受到邦聯內各國的戒備。一八二八年，普魯士與黑森（以法蘭克福為中心的國家）締結了北德意志關稅同盟；同年，巴伐利亞和符騰堡締結了南德意志關稅同盟；另外，還成立了以薩克森與漢諾威為中心的中部德意志關稅同盟。

之後，邦聯內的關稅同盟互相整合，成為德意志關稅同盟。從經濟層面來看，這件事透露出了德國統一的可能性。

另一方面，奧地利的財政收入仰賴高額的關稅，所以沒有加入任何關稅同盟，結果導致物價上漲，國內消費低靡，造成經濟發展遲緩。

普魯士與奧地利的經濟水準差距因此愈拉愈大。

鐵路開通了！

大型工廠陸續開設、重工業持續發展後，就必須靠鐵路來運輸。一八三五年，巴伐利亞地區的紐倫堡和福爾特之間，開通了德國歷史上的第一條鐵路。

在十九世紀中葉，德國鐵路的長度合計為四千三百公里，是繼美國、英國之後排名全世界第三的鐵路大國。

在鐵路開通當時，德國還必須引進英國製的鐵軌和火車頭，隨著國內得以自行生產製造以後，鋼鐵工業和礦產業才更進一步發展，相關的玻璃和木材生產、加工業也逐漸繁榮。

當時的日本

當德國開通第一條鐵路時，日本的水野忠邦奉時任將軍的德川家齊之命，就任為老中。然而家齊生活奢華無度，令幕府陷入財政危機。從家齊的兒子家慶繼承將軍大位的1837年開始，忠邦才正式開始進行改革（史稱天保改革）。

鐵路開通後，強化了德意志邦聯的一體感。過去邦聯各國在政治上是一盤散沙，但隨著各國之間的交通連結變強，德國人的觀念也開始改變。因為經濟發展與鐵路加強了他們「德意志一體同心」的認知。

革命的前夕

邦聯各國因工業革命而逐漸豐饒，但依舊留下了後遺症，就是人口增加造成的國力差距。部分人民得以過著富庶的生活，但城市和農村裡依然有不少生活貧苦的人。

由於單純的手工作業增加，使雇主也能以低薪雇用女性與孩童，波蘭等地的移民到各國爭取工作機會，導致這些國家的低薪勞工愈來愈多。

在貧富差距變大的德國，開始倡導保障勞工的權益。公司內開始成立類似工會的組織，並孕育出「公平分配財富」的社會主義思想。分析資本主義的《資本論》作者卡爾．馬克思（一四二頁），正是從這個時期開始成為記者。

一八四五至四七年，歐洲整體發生了大規模的糧食危機，穀物和馬鈴薯歉收，導致價格上漲，加上產業停滯不前，德意志國內景氣也愈來愈差。

國家今後何去何從？

一八四八年，法國以要求普選的勞工為中心發起了二月革命。轉眼間，這股動盪的情勢也逐漸擴散到德國。

在德國，因巴伐利亞市民提出請願書、要求開設議會並開放出版自由，而發動了三月革命。農村裡飽受貧困之苦的農民群起暴動。

邦聯議會連忙展現出「願意改革」的態度，但這波動亂依然延燒到了奧地利和普魯士。

在奧地利的首都維也納，聚集在市議會前的民眾引發大暴動，逼得梅特涅辭去首相一職、流亡英國，奧地利王室也答應進行改革。

王室立刻著手重整體制。但是另一方面，崛起的勢力並沒有擬訂「如何發展國家」的方針，陷入無政府狀態。

不僅如此，由奧地利統治的匈牙利和北義大利各國也紛紛要求獨立建國。

普魯士首都柏林也處於相同的狀況。部分地區的市民和軍隊發生衝突，爆發了大規模城鎮戰。普魯士國王雖向市民讓步、允諾改革，最後卻沒履行諾言。農村方面，沒有遷徙自由的農民雖然獲得了解放，但依然沒有土地所有權。

領頭的兩個國家動盪遍及邦聯全體，大幅撼動了過去的體制。然而蜂起的市民之間，卻因為各自主張而持續對立，其中又以主張制定憲法為基礎的立憲主義派，以及國家元首不再由君主獨占的共和政體兩大派系為主。人民真正走向德國統一的意識愈來愈高。

失敗的革命

建設統一國家的動向，就在革命的混亂當中正式啟動。邦聯各國的議員集結在法蘭克福，召開國民議會。

但是，各國代表不僅對於建國方針的意見分歧，如何統整多個民族也是個大問題，因此遲遲無法決定政治體制。

奧地利和普魯士兩國主張維持現狀，打算利用軍事力量向國民議會施壓；相對地，法蘭克福國民議會則是制定了德國憲法（法蘭克福憲法，又稱保羅教堂憲法）加以抗衡。他們根據這份憲法，規定在世襲的皇帝之下採用邦聯制，並且必須在普通選舉後召開議會。隨後，國民議會請求普魯士國王腓特烈・威廉四世（Friedrich Wilhelm IV）接受憲法，成為立憲德國的皇帝。

然而，威廉四世不願受到議會認可才能登上皇位，所以拒絕登基，因此國民議會只能解散。之後雖有部分勢力起義，但都遭到普魯士軍隊鎮壓。

結果，這場三月革命以失敗告終。失敗的原因在於市民彼此對立，以及革命的目的並沒有得到廣泛的理解。

另外，像奧地利一樣受到德國人統治的其他民族所在的地區，人民雖然展現出追求獨立的意志，但最終都遭到鎮壓。

鐵血宰相登場！

革命失敗後，德意志邦聯開始重振旗鼓，以普魯士為中心制定新的憲法，摸索君主立憲制的新國家體制。

但是，追求自由的勢力發現憲法草案中強化了出版品的言論審查，便群起反抗。發言權變弱的奧地利和部分國家，則是反對憲法以普魯士為中心。外國擔心德意志會變成以軍事力量強化的普魯士為中心，所以也發出反對的聲浪。由於情勢不利，於是普魯士只能暫時撤回計畫。

之後，奧地利的戰敗推動了整體局勢。在一八五三年參與克里米亞戰爭的奧地利不僅沒有獲得新領土，還在一八五九年的義大利統一戰爭中割讓了部分領土。邦聯內瀰漫著「奧地利大勢已去」的氣氛，「果然還是應該以普魯士為中心統一德意志」的意見逐漸擴大。

在此同時，出現了企圖完成德意志統一大業的人物，他就是奧托・俾斯麥（Otto Eduard Leopold von Bismarck）。一八六一年，普魯士新國王威廉一世（Wilhelm Friedrich Ludwig）登基。當時的普魯士議會當中，以青年為中心的自由主義勢力席次增加，舊主流派的保守勢力處於劣勢。

受到保守派支持而成為國王的威廉一世，為了打破這個局面而召回駐巴黎大使俾斯麥，任命他為首相。因為俾斯麥是擁護君主的超級保守派政治家。

俾斯麥在上任後不久的公開演說中，表明了以下的施政方針：

「當代的重大問題（國家統一）不是透過演說和多數派決議所能解決的，而是要用鐵和血！」——也就是要發起軍事行動來統一國家。在這場著名演說之後，俾斯麥便有了「鐵血宰相」的名號。

就連痛恨改變、渴望維持現狀的俾斯麥，也認為國家統一勢在必行。他首先確立了排拒奧地利、以普魯士為中心的基本方針。

雖然俾斯麥認為可以利用「國民」統一，但卻絲毫無意將政治實權交給國民（實行共和政體）。

普魯士連戰連勝

一八六四年，俾斯麥朝著統一國家的方向展開行動。

與德意志國境相連、隸屬丹麥的南部，有一個地方叫作什勒斯維希－霍爾斯坦（Schleswig-Holstein）。這裡的居民結構為八十五萬德國人、十五萬丹麥人。俾斯麥主張這片地區屬於德意志，便在奧地利的協助之下與丹麥開戰。

俾斯麥在這一戰大獲全後，顧慮到奧地利及其同盟邦聯國家，便將什勒斯維希－霍爾斯坦定為奧地利與普魯士兩國的共同

當時的日本

1864年，可說是日本史重大事件聚焦長州藩的一年。這一年，長州藩四面受敵，包括以長州藩為主，尊王攘夷派重要人物遭新選組突襲的「池田屋事件」、出兵京都而後因戰敗被逐出的「禁門之變」、與英、法、荷、美等國爆發嚴重衝突且戰敗的「下關戰爭」，以及朝廷向幕府下令討伐朝敵長州的「第一次長州征伐」，著實飽嘗辛酸。

管轄區。

兩年後，普魯士和奧地利為了爭奪此地的主權而對立，最終演變成戰爭（普奧戰爭）。而普魯士也在這一戰輕易取勝。

擊敗奧地利後，俾斯麥終於可以將行動徹底轉向統一國家。他占領了在戰爭中幫助奧地利的國家，瓦解了德意志邦聯，將巴伐利亞等反普魯士的四個國家以外的各國組成北德意志邦聯。由於巴伐利亞親奧地利，所以他並沒有強行併吞。

於是，奧地利被排除在新成立的德意志國家藍圖之外。而議會的自由主義勢力見證俾斯麥強大的威權，也紛紛表示順從。

剩下的課題，只有如何征服巴伐利亞等南方國家了。

藉機刁難法國

德意志統一的最後一步，就是控制輿論。因此，俾斯麥打算好好利用法國，而機會也來得比預期的快。

一八七〇年，法國對於瑞士的王位繼承問題表示抗議，派遣駐德意志大使前往埃姆斯（Ems，德國西部的溫泉勝地），要求在當地療養的威廉一世承諾普魯士不會干涉這件事。

但威廉一世認為法國此舉「蠻橫無禮」，拒絕會見大使。

消息傳到柏林後，俾斯麥便公開向人民表示「法國大使對普魯士國王無禮」，激起了國內反法的輿論。原本就因為普魯士變強而心存戒備的法國，反普魯士的聲浪也因此更大。

兩國開戰在即。贏得色當會戰的德軍（巴伐利亞亦參與其中），拒絕法國提出的和平協商，占領了亞爾薩斯－洛林地區（Elsaß-Lothringen，位於兩國國界的地區），後來又俘虜了拿破崙三世（Napoléon Ⅲ），再次拒絕與新興政府和議，直接進攻巴黎，並於翌年攻陷。

俾斯麥與法國政府簽訂臨時條約，迫使法國賠款並正式割讓亞爾薩斯－洛林。

沉浸在勝利喜悅中的俾斯麥，於一八七一年一月十八日，在法國的凡爾賽宮殿宣布成立德意志帝國。這個新成立的德意志帝國（Deutsches Kaiserreich），也包含了巴伐利亞等先前並未加入北德意志邦聯的國家。

俾斯麥展現出特別關照巴伐利亞的態度，並給予部分特權。

此外，俾斯麥還支援巴伐利亞國王路德維希二世（Ludwig II）建設城堡的資金，代價是他必須推舉威廉一世就任德意志皇帝。至此，德意志終於成功統一。

而法國仍對德意志感到強烈的不滿。

那麼奧地利呢？

被德意志帝國排拒在外的奧地利，後來怎麼樣了呢？

奧地利在戰爭中雖然敗給普魯士，但國家還是勉強延續了下來，於是奧地利便開始採取融合其他民族的政策。

身為多民族國家的奧地利，因統治者哈布斯堡家族的權力衰退，為了維持國家，需要第二大有力民族匈牙利人的協助。

於是在一八六七年，奧地利帝國與匈牙利王國共同組成奧匈帝國（Österreich-Ungarn），建構全新的二元君主國家體制。

當時的日本

奧匈帝國成立的1867年，江戶幕府末代將軍德川慶喜實行大政奉還，朝廷宣布王政復古，啟動全新的國家體制。此外，日本從1873年開始採用陽曆，從舊曆的明治5年12月2日的翌日開始，更改為明治6年1月1日，與西曆的日期一致。

這個帝國承認匈牙利王國的正統性，由奧地利皇帝兼任匈牙利國王。如此一來，匈牙利人的自治權得以擴大，過去無法加入內閣的匈牙利人也可以參政。但是奧匈帝國作為一個國家，以煤礦為主的能源產量太低，國家資本不足且國內消費能力很低；加上生產用的機器仰賴德國進口，產品又多半出口至德國，導致國家成為強大德意志帝國的從屬。

奧匈帝國裡也包含了捷克人和塞爾維亞人。他們遭到政府冷落，因此在一八七八年，塞爾維亞脫離奧斯曼帝國獨立。後來有一名生於塞爾維亞的愛國青年，點燃了瓦解哈布斯堡家族政權的大戰導火線。

耐人尋味的德國偉人❸

以浪漫詩篇闡揚人性的豐沛情感

歌德

Johann Wolfgang von Goethe

（1749～1832）

令德意志之名響徹全世界的文學巨擘

歌德生於法蘭克福的富裕家庭，從小就展現出詩歌方面的才華，他憑著25歲發表的小說《少年維特的煩惱》，在文學領域嶄露頭角。

《少年維特的煩惱》以卓越的洞察力和文筆，巧妙描寫出少年主人翁的感情表裡，據說創作靈感來自歌德當時的戀愛經驗以及友人的自殺。

之後歌德受召擔任威瑪公國的官員，投身政界的同時仍陸續發表《威廉・邁斯特的學習年代》（*Wilhelm Meisters Lehrjahre*）等作品。他從20多歲開始撰寫的《浮士德》（*Faust*）是他畢生的嘔心瀝血之作，足足寫了60年。

日本在明治時代中期譯介歌德的作品，深受當時作家熱烈的支持。歌德的著作普遍贏得兼具優美文筆與豐沛內涵的讚美，並且深深影響森鷗外、芥川龍之介等日本文人。

chapter 4

近代德意志帝國

普魯士執掌的親普魯士體制

剛成立的德意志帝國（正式國號為「德意志國」〔Deutsches Reich〕），是由二十二個君主國與三座自由市組成的聯邦國家。德意志帝國的領土和人口，有將近三分之二都是普魯士。

國家體制也是以普魯士為中心。德意志帝國的皇帝是由普魯士國王代代世襲，宰相則是由皇帝任命，而宰相一般也會獲選為普魯士王國的首相。

帝國的立法機制採行兩院制，分別為透過國民選舉選任出議員的帝國議會，以及集結各國代表的聯邦參議院。聯邦參議院在修正憲法和行政等方面皆擁有龐大的權力。

普魯士在聯邦參議院當中依然占有優勢，全部五十八席的議員當中，有十七席分配給了普魯士，只要有十四張不同意票就能否決修憲的議案，所以根本無法修改成對普魯士不利的憲法。而只擁有一席的國家多達十七個。

從這種政權比例來看，是由宰相俾斯麥主掌政權。而能夠發揮他天生才華的領域，就是外交。

與隔壁的俄羅斯和平共處？

靠戰爭統一國家的俾斯麥，在帝國成立後就開始致力於避免紛爭的外交行動。尤其是對企圖報復德國的法國，態度更是小心謹慎。

俾斯麥為了營造出法國無法宣戰的局勢，而開始與俄羅斯協商修好。因為假使法國和俄羅斯結為同盟的話，德國就必須同時在東西兩邊的國境作戰，情勢會變得相當不利。

一八七三年，德意志與奧地利、俄羅斯結為三帝同盟。四年後，奧地利因俄土戰爭而與俄羅斯對立，俾斯麥便在柏林召開會議，促使兩國和談。但是，俄羅斯卻認為自己得不到任何好處，遂解除了三帝同盟。

俾斯麥外交方針下的國際關係

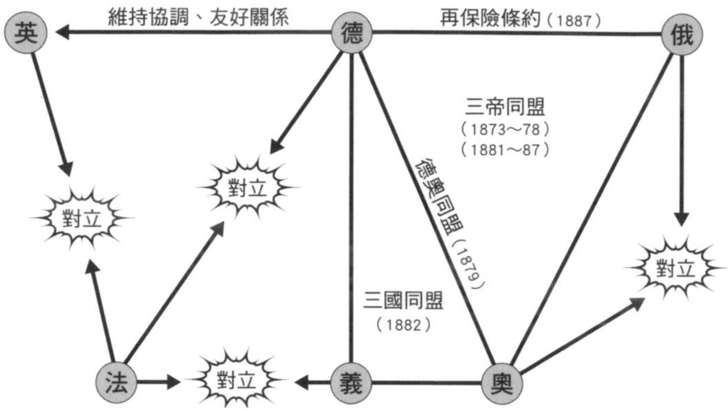

之後，俾斯麥為了與奧地利維持友好關係，因此在一八七九年與奧地利組成同盟。

而且，俾斯麥還找上了當時在非洲與法國敵對的義大利。於是在一八八二年，德國、奧地利、義大利的三國同盟就此成立。

在巴爾幹半島與奧地利對立的俄羅斯，則是開始親近法國。俾斯麥為了避免德奧的關係惡化，便在一八八七年與俄羅斯簽訂了再保險條約。

根據這份條約，如果德國和法國開戰，俄羅斯必須答應遵守中立的立場。

教會與社會主義的應對措施

俾斯麥展現精湛的外交技巧，內政上也不遑多讓。當時議會有兩股反對勢力，一是由天主教會組成的中央黨（Zentrumspartei），另一個則是社會主義者。天主教的勢力以巴伐利亞地區為中心，教會對於推行政教分離的俾斯麥政權深感不滿。由於普魯士大多是信仰新教（路德宗），要是有個閃失，恐怕就會引發分裂國家的宗教對立。

起初，俾斯麥還打算靠武力逮捕神職人員來鎮壓反對勢力，結果反而導致天主教團結一致，反彈更加強烈，就連原本屬於同一陣線的新教人士也出聲批判。俾斯麥只好改變方針，向基督教勢力妥協，這才終於結束對峙的局面。

與教會關係改善後，俾斯麥的矛頭隨即指向社會主義者。一八七五年，多個伸張勞工權利的政黨聯合成立社會主義工人黨（SAP）。俾斯麥花了三年時間，制定鎮壓社會主義者的社會黨人法（Sozialistengesetz），藉此管制勞工運動。

思想保守的俾斯麥，雖然討厭社會主義，但他也認為保護勞工是必要之舉，勢必得想方法讓勞工能夠體會他們確實受到國家保障，以便遠離社會主義思想，提高勞工對國家的忠誠心。

一八八〇年代，俾斯麥陸續訂立了醫療保險法、災害保險法、殘障與養老保險法。每一項法律都是拯救勞工脫貧的制度，堪稱現代社會保險制度的先驅。俾斯麥實行的政策，往往被比喻為「糖果和鞭子」。

俾斯麥的失勢

德意志帝國第一任皇帝威廉一世，以九十一歲高齡駕崩後，由其子繼位成為腓特烈三世。然而，腓特烈三世在位僅僅三個月旋即病逝，再由腓特烈的兒子威廉二世（Wilhelm II）即位。登基時年僅二十九歲的威廉二世野心勃勃，察覺國內具有「革新體制」的潛力。

一八八九年，魯爾地區的礦工發起罷工，俾斯麥的立場搖搖欲墜。新皇帝則表現出體恤勞工的態度，使得勞工逐漸對俾斯麥心灰意冷。

處心積慮維持現狀的俾斯麥，與推行積極政策的威廉二世意見相左，因此到了一八九〇年，俾斯麥終於下野。

國家統一過了二十年，德意志的樣貌已然大不相同。人口在二十年內增長超過八百萬人，下一個二十年則是倍增將近一千六百萬人。據統計，在第一次世界大戰爆發前夕，德意志的總人口數約為六千七百萬人，國民有超過半數都是三十歲以下的人士，成為老練的俾斯麥也無從掌控的青年國度。

當時的日本

俾斯麥退出政壇的1890年，日本以普魯士憲法為原型，制定出大日本帝國憲法並開始實施。政治家岩倉具視等人前往歐美視察之際，比較了法國的共和制、英國的君主立憲制等各種體制，最後決定參考君主權力最大的普魯士憲法，藉此擬定以天皇為中心的日本憲法。

造成人口結構改變的背景因素是工業發達。當時德國除了鋼鐵和煤礦等傳統產業外，還有新興的電力和化學產業，掌握最先進的工業技術與全世界的市場。

不過在此之前，德國並不怎麼重視海外市場；可是進入二十世紀以後，德國便突飛猛進，成為僅次於英國的世界第二大海運國家。

不僅如此，德國也從農業國搖身一變成為工業大國，即使如此，國內農業並沒有衰退，而是朝著機械化邁進，化學肥料也逐漸普及。除此之外，德國也開始發展原本由英國壟斷的銀行業與金融業，成為世界經濟的中樞。

德國境內接納波蘭及來自各地的移民，得以造就出魯爾這樣的大型工業區。

航行出海吧！

威廉二世開除俾斯麥後，下一步便是撤銷與俄羅斯簽訂的再保險條約。法國便趁此良機與俄羅斯親近修好。

不同於只想維持歐洲現狀的俾斯麥，威廉二世放眼的目標乃是擴張領土，因此出海開拓勢在必行，於是海軍在皇帝的指示下開始增強軍備。

威廉二世推行的政策又稱作「新航路政策」，主要圍繞著外交、通商與關稅等項目推行政策。威廉二世的第一步是先與俄羅斯斷交，改與英國修好，目的是蠶食當時在全世界坐擁廣大殖民地的大英帝國市場。只要英國以外的國家願意降低工業產品的關稅，德國就會調降農業產品的關稅作為讓步。

不僅如此，威廉二世還下令禁止週日工作、限制少年和婦女的勞動時間、設立勞資糾紛的協調機構、穩定食物等日常用品的價格，以及廢除非德裔民族的差別待遇等等律法。

威廉二世是明君嗎？

身為皇帝卻一味體恤勞工的威廉二世，令失去既得權益的保守階層與痛恨社會主義的勢力大為不滿。也有人認為這些反對派背後的主使者就是俾斯麥。

威廉二世為了擴大貿易而對英國讓步，引發許多主張擴張殖民地的人抗議。德國國內以這些人為中心，傳播效忠國家和排除異己的思想。威廉二世因此飽受批評，在議會上的主張也屢屢遭到否定，領導能力備受質疑。

這時，歐洲各國正走向帝國主義（為擴大自己國家的利益和勢力，積極擴張統治權延伸至境外的思想），所以德國上下希望威廉二世也能大張旗鼓展露拳腳，農民和企業經營者也為了追求各自的利益而打算組織工會。

無論如何，二十世紀的德國所走的路線，最終仍是由威廉二世決定。而他應該對此承擔多大的責任，至今仍備受爭議。

邁向亞洲！

為了追趕外交政策落後的腳步，一八九七年就任為海軍元帥的阿爾弗雷德．

馮・鐵必制（Alfred von Tirpitz），具體訂立了大規模的海軍擴編計畫。海軍兵力蓄勢待發的德國，不僅積極航向東亞、非洲，同時也朝太平洋發展。

前一年，曾經發生過非洲的川斯瓦共和國（Transvaal Republic，正式國名為南非共和國）擊退入侵英軍的事件。威廉二世發送電報祝賀川斯瓦共和國，導致當時友好的英德關係變得緊繃起來。此外，一八九八年爆發的美西戰爭後，德國也從敗給美國的西班牙手中買走了多座太平洋上的島嶼。

一九〇〇年，中國清政府默許民間團體發起「義和團運動」，反抗歐美列強在中國的實質統治權。德國與日本、美國、英國、法國一同出兵，強行向清政府租借山東半島的膠州灣。後來，山東半島也成了德國與日本開戰的舞台。

西部鄰國終究是敵人！

德國的海外發展取得暫時性的成功，於是打算繼續朝東南方、也就是中東地區拓展。威廉二世開始推行透過鐵路連結柏林（Berlin）、拜占庭（Byzantion，奧斯曼帝國首都伊斯坦堡的舊稱）、巴格達（Bagdad，奧斯曼帝國的大城市）的計畫，並且取三座城市的首字母，又稱３Ｂ政策。這項政策大大刺激了英國。

當時，英國正在實行以印度加爾各答（Calcutta）、埃及開羅（Cairo）和南非開普敦（Cape Town）為據點的３Ｃ政策，並建設連結開羅和開普敦的鐵路。而當時德國已在東非設立殖民地據點，正是阻礙這項鐵路建設的一大障礙。

一九〇四年，英法協商簽訂協約後，德國不只和法國，和英國對立的局面也已然浮上檯面，重挫德國的外交政策。

不過威廉二世認為，既然法國與英國結盟，那只要離間俄羅斯與法國就好，於是選擇在此刻再度親近俄羅斯。然而，當時俄羅斯為了取得不凍港而實施南下政策，對巴爾幹半島虎視眈眈。德國也企圖入主巴爾幹半島，所以雙方始終無法達成協議；加上金融方面，俄羅斯又加深了與法國的合作體系，德國的交涉最終只能宣告失敗。

一九〇五年，英國、法國、西班牙爭奪位在非洲大陸的摩洛哥，尚未分出結果之際，威廉二世卻又冷不防加入戰局。面對突如其來的競爭對手，令各國關係更加緊繃。

威廉二世為了牽制法國，提議「殖民地問題應該委任國際會議來調停」，但是在翌年召開的會議上，與會各國都支持法國，因此這場外交也以失敗告終。

即使如此，威廉二世依舊不放棄，趁西元一九一一年法國出兵鎮壓摩洛哥原住民暴動時，派出軍艦前去妨礙法國擴張權力，兩國情勢再度緊繃起來。

最終德法簽訂協議，承認德國可以獲得法國

當時的日本

歐美列強在非洲爭奪殖民地的時候，日本正企圖併吞韓國。1905年，日本於首爾設立了統監府，伊藤博文就任為初代統監。1909年，伊藤遭到暗殺，但翌年日本政府簽訂了併吞韓國的條約，正式將韓國納為領地。日韓合併後，統監府改組為朝鮮總督府，一直持續統治到1945年。

領地剛果的一部分（翌年，摩洛哥則成為法國屬地）。

之後，在德國殖民的東非和非洲西南部，當地原住民因不願臣服而起義，結果遭到威廉二世的血腥鎮壓。

這起鎮壓事件不只驚動法國和英國，更是引起整個國際社會的輿論撻伐，威廉二世不得不趕緊將統治殖民地的責任交還給平民百姓。儘管他心有不甘，但國家方針還是決定不憑藉軍事力量擴張殖民地，而是以貿易為優先，提高國家利益。

然而，列強之間的摩擦依然愈來愈嚴重。

三國同盟瓦解！

接著我們轉移視角，來看巴爾幹半島的情勢。西元一九〇七年，俄羅斯計劃推展南下政策，前進巴爾幹半島，但因德國阻撓，而與英國簽訂了英俄條約。

英國雖然曾因為中亞地區和伊朗問題而與俄羅斯對立，但雙方都願意暫且放下

德國vs三國協商

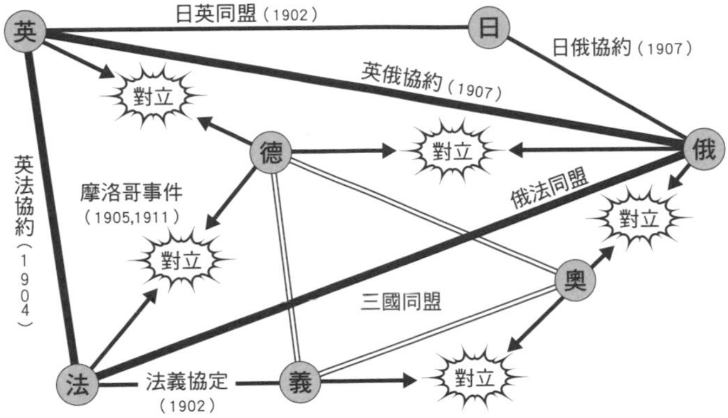

這個歧異，合作阻止德國擴張。英國、法國、俄羅斯透過協約組成「三國協約」，包圍由德國、奧地利、義大利組成的「三國同盟」。

然而此時此刻，三國同盟早已是名存實亡，義大利因為與奧地利就國界問題爭論不休，開始親近法國。

就在法國與義大利簽訂協議的一九〇二年，德奧義三國同盟可以算是真正瓦解。

至於巴爾幹半島的斯拉夫民族，則分別主張主權獨立，不只有塞爾維亞脫離奧斯曼帝國獨立，蒙特內哥羅、羅馬尼亞也成功獨立，保加利亞則獲得了自治的地位。

塞爾維亞以俄羅斯為後盾，企圖更進一步擴張領土。為什麼會發展成這樣的局面呢？追根究柢，正是因為奧斯曼帝國的勢力逐漸衰退。

西元一八七八年，奧斯曼帝國與俄羅斯交戰敗北，長期便陷入「歐洲病夫」的處境，直到一九〇八年爆發革命以後，政權才由蘇丹轉移至議會。

奧地利趁著這場混亂占領了波士尼亞與赫塞哥維納，看在意圖統一所有斯拉夫民族、建立民族國家的塞爾維亞人眼中，這種行徑無異於火場竊賊。

地理位置好比火場的巴爾幹半島，因而冠上「歐洲的火藥庫」之稱。

歐洲火藥庫大爆炸

西元一九一二年，塞爾維亞、赫塞哥維納、希臘、保加利亞等國成立巴爾幹同盟，目的是從長年統治的奧斯曼帝國手中奪回領土與主權。隨後，巴爾幹同盟與奧斯曼帝國爆發了戰爭（第一次巴爾幹戰爭）。

戰敗的奧斯曼帝國，除了伊斯坦堡及周邊地區以外，失去所有在歐洲的領土。翌年，保加利亞、塞爾維亞、希臘、蒙特內哥羅為了爭奪從奧斯曼帝國手中贏來的馬其頓地區，彼此又展開對立，於是再次點燃戰火。這場戰爭後來更因為羅馬尼亞與土耳其的介入，使得戰火向外延燒（第二次巴爾幹戰爭）。

保加利亞在這場戰爭中敗北，領土縮小。經歷兩次戰爭後，對塞爾

維亞人大為不滿的保加利亞和奧斯曼帝國，開始拉攏德國和奧地利。

當時間來到決定命運的一九一四年六月二十八日，歐洲火藥庫終於爆炸了。

奧地利皇儲法蘭茲．斐迪南（Franz Ferdinand von Österreich-Este）夫婦，視察陸軍的軍事演習而出訪波士尼亞，卻在首府塞拉耶佛遭到塞爾維亞青年射殺。

震怒的奧地利政府，在二十五天後發出通牒，要求塞爾維亞禁止發行任何敵視奧地利的出版品、解散一切反奧的集會組織，並開除相關軍事人員和政府職員。

然而塞爾維亞政府未能滿足奧地利的條件，兩國之間終於爆發戰爭。

不分黨派，大家都是同胞！

這二十五天期間，各國原本期望透過協調解決爭端；即便是德國國民，也以為國家不會捲入這場戰爭。然而，奧地利和塞爾維亞的局部戰卻如火如荼展開了。

當時德國全然處於封閉的局勢，對外無法脫離協約國包圍，對內保守勢力和勞工對峙，導致改革始終原地踏步。全體國民都渴望有個契機打破目前的僵局。德國與法國長年敵視、因殖民地糾紛而與英國對立，更因為巴爾幹半島而與俄羅斯關係緊繃，威廉二世終於認清戰爭無可避免的事實，為了促使德國民眾更團結一致，他在俄羅斯頒布動員令以後，也跟著發布了動員令。

動員令發布後，過去呼籲反戰的德意志社會民主黨（SPD，簡稱社會民主黨）以「這是一場保衛戰」為訴求，轉向贊同戰爭的立場。結果，德國國內的反戰勢力在動員令的號召下幾乎消失無蹤。

蓄勢待發的威廉二世，以「德國已不分黨派、大家都是同胞」的一席演說回應國民的期待，點燃全國上下對戰爭的狂熱情緒。

四面楚歌

德國早已準備好與東邊的俄羅斯和西邊的法國同時作戰，由於俄軍集結速度相

對緩慢，於是威廉二世便根據這項預測制定戰略，決定即使在東邊犧牲一些兵卒，也要先掌控西邊的戰況。

但是，由於法國在國境中央建立了牢固的防禦戰線，因此威廉二世便轉而進攻中立的比利時，再進攻法國。

英國因德國侵略比利時憤而參戰。九月，法國東北部的馬恩河戰役後，德國的攻勢戛然而止，狹長的壕溝一路從多佛海峽挖到瑞士，雙方持續膠著的攻防戰。

另一方面，東邊的俄軍比德國預料中的更早集結進攻，德軍在坦能堡戰役中擊敗俄軍，得以攻進俄羅斯領土。但是俄羅斯的疆域幅員廣闊、自然氣候兇猛，尤其是冬天的寒流更是令德軍吃足苦頭。

另外在巴爾幹半島，由多個民族組成的奧地利軍隊士氣低落，很早就處於無力戰鬥的狀態。德軍試圖取代奧地利軍進占巴爾幹半島，但因為戰線綿延，導致作戰舉步維艱。

而且，德軍還同時在亞洲、太平洋地區作戰，對手是日軍。兵力較少的德軍在山東半島敗給日軍，多名將兵被俘。

戰爭到了一九一五年，中立國義大利因為與奧地利對立而加入法國陣營，使得德軍又得開啟義大利戰線。

奧斯曼帝國和保加利亞雖然因為仇視俄羅斯而加入德國陣營，進一步擴大巴爾幹半島和中東戰線。當然，德國在非洲的殖民地也發生戰事，迫

當時的日本

德島縣的板東俘虜收容所，依據所長松江豐壽的作風，小心翼翼地對待德國戰俘。當地人還教這些戰俘如何栽種蔬菜，深入交流。幾年後，這些德國人回國後轉述在收容所的種種經歷，使得德國與德島縣的交流依然延續至今。

使德國必須派兵在世界各地作戰。

德國判斷認為不可能贏得所有的戰爭，決定集中砲火猛攻法國，企圖將法國排除在戰線之外，卻因法軍奮力抗戰，未能如願。

最後，德軍在缺乏補給的情況下，愈來愈多士兵因病倒下。

美國出面了，如何是好？

西元一九一五年，德國為了突破英國在大西洋的海上封鎖線，決定實行潛水艇作戰，下令凡是阻礙在前方的船隻，即便是客輪也一律擊沉。

然而這道命令卻觸發大事——德國擊沉了英國的客輪盧西塔尼亞號，導致船上的美國人乘客遇難死亡。美國向德國強烈抗議，於是德國才停止這項戰術。

然而到了一九一七年，德國在所有戰線都處於膠著狀態，只好重啟原本已經停止的「無限制潛水艇作戰」，最終結果卻是引來美國參戰。

同年，俄羅斯發生兩次革命，羅曼諾夫王朝瓦解，戰況稍微對德國有利了些。緊接著，俄羅斯出現了史上第一個社會主義政權。翌年，俄羅斯的革命政府與德國簽訂布列斯特－立陶夫斯克條約（Friedensvertrag von Brest-Litowsk），脫離東部戰線。德國將東邊的軍隊全數調往西部戰線，但依然數次敗給因美國增援、聲勢更加浩大的法軍，軍中也逐漸傳來希望和談的聲浪。

從數字看第一次世界大戰

西元一九一八年十一月十一日，就在巴黎東北方的康比涅（Compiègne）附近森林裡，聯軍和德國締結了停戰協定，長達四年三個月的戰爭才終於畫下句點。

各國在第一次世界大戰裡都死傷慘重，原因就在於低劣的戰術導致不必要的犧牲，而新開發的兵器也同樣成為有效率的戰爭工具。毒氣、坦克（戰車）、戰機、潛水艇都奪去了不少士兵的性命。

不分國家，各國都是為了延續自己的國家而戰，總動員的結果反而導致戰爭時間拉長，不只是調動國內的士兵，還從殖民地召集人馬投入作戰。戰爭持續到最後一刻，總共動員了大約七千萬名軍人，有一千多萬人戰死，傷員和失蹤人數更是死者的數倍之多。而且不同於以往的戰爭，空襲也將一般民眾捲入戰火之中。

雖然期間也發展出壕溝戰的作戰形式，但是彈藥的消耗量仍遠遠超出預期，各國都付出慘重的犧牲而遍體鱗傷。

戰爭期間，德國根據陸軍的戰時原料局指示實施計畫經濟。不只軍事物資，就連絕大多數的生活物資也全採配給制。由於政府和軍隊裡沒有經濟專家，只能仰賴民間企業負責生產與管理。物價可以自由決定，也有不少企業因此發大財。

戰爭中絕對少不了的就是製造武器的勞工。然而，原本應該擔負勞工職責的青年都從軍去了，只能強行徵用俘虜以及占領地的居民為士兵製造武器。女性也必須成為勞力，不只是軍需工廠，大多數的產業和事業也都開始徵用女性員工。戰爭時，德國國內舉辦了許多街頭宣傳等活動，藉此提高國民的戰爭意識，另外還有慰問出征士兵的活動、支援士兵的家人或空屋、提供金屬回收的職缺等等，孕育出各式各樣的職業。

平民真命苦

德國平民的生活變得十分嚴竣。首先是缺乏物資，尤其糧食短缺的情況更加嚴重。原因在於國內改以軍需產業為中心，農業勞動者人數銳減；而且耕作使用的牛馬也都被徵為軍用，導致農業生產力下降。

從麵包、馬鈴薯、肉等食物到衣服、肥皂等日用品，都只能靠政府配給，街上可見等待領取配給的民眾大排長龍。

長期忍受著貧苦生活的國民，彼此間產生了以往不曾有過的對立仇恨。城市居民認為缺乏糧食是因為農民吝於供給，農民則是痛恨一切都必須受到國家控制。

富裕階級與貧民對立，造成德國社會分裂。正當德軍宣布展開無限制潛水艇作戰的一九一七年，整個歐洲農地普遍面臨歉收、燃料不足的情況。食物的運輸出現阻礙，隨即便引發大規模的罷工。

開戰當初還基於愛國心而團結一致的德國人，開始因為戰爭分配的問題而意見分歧，逐漸化為一盤散沙。

壓垮帝國的最後一根稻草

在第一次世界大戰中，海軍作戰是以潛水艇為主，主力的大型艦艇作為防禦用途，總是停泊在港口備戰。一九一八年秋天，儘管德國戰敗的大勢已定，海軍司

令部卻依然為了展現德國海軍堅忍不拔的意志，下令全軍出擊。海兵認為這場作戰毫無意義而群起反抗，並組成「工人委員會」（革命評議會）發動叛變。這場動亂就稱作「基爾叛變」。

德國海軍當中，將校大多是由貴族和菁英市民擔任，普通兵員則多半是由工人組成。如同社會的階級對立，這也是一場統治者與被統治者之間的對立。

海兵叛變的消息傳到巴伐利亞和薩克森等地，各國的國王意識到君主體制已經不可能維持而紛紛退位，就連柏林當局也開始考慮逼迫威廉二世退位。雖然皇帝本人拒絕下台，但議會裡已經沒有人擁護威廉二世了。

最後，大批的工人和士兵為了抒發民怨而紛紛湧向柏林，威廉二世認為鎮壓不可行，只能黯然退位，流亡至荷蘭。

西元一九一八年十一月八日，建國僅僅半個世紀的德意志帝國，就此全面瓦解潰散。

艾伯特，交給你了

俾斯麥和威廉二世推行太多獨裁政策，為德意志帝國塑造出專制的意識形態。不過，帝國議會裡也有中立派和勞工黨派，各派的立場和意見其實相當有彈性。尤其是社會民主黨，就在鎮壓社會黨人的法律廢除以後，支持者便隨著勞工人數的增加而擴大，形成威廉二世無法忽略的黨派。從德國革命到一九一九年成立德意志共和國的期間，都是由社會民主黨主導議會。

德國在第一次世界大戰中採取總動員和不分黨派的「總體戰」。以社會民主黨的卡爾・李卜克內西（Karl Liebknecht）和羅莎・盧森堡（Rosa Luxemburg）為中心的反戰派，則是在一九一七年退黨，自行組成獨立的社會民主黨。

同年夏天，社會民主黨和中央黨希望可以透過協商解決問題，但此舉反而孤立保守派，加強他們的向心力。因此，保守派和軍隊變得反動，激發國民的不滿。基爾叛變一事，促使各地組成勞工與士兵委員會，他們包圍了柏林，要求實施以議會為中心的政治體制。情勢演變至此，宰相巴登大公馬克西米利安（Prinz Maximilian von Baden）便拜託社會民主黨的弗里德里希・艾伯特（Friedrich Ebert），出面收拾這個局面。

艾伯特以受到柏林勞工與士兵委員會委任的形式，建立了由社會民主黨和獨立社會民主黨組成的人民委員政府。

目標是什麼樣的社會主義國家？

社會民主黨與獨立社會民主黨，兩者的理想都是實現社會主義，但前者屬於穩健派，後者則是激進派，政治方針從根本上即截然不同。社會民主黨的目標是解決現實層面的問題，逐步實現社會主義；獨立社會民主黨則是以工人委員會為核心，期望成功實現像俄羅斯（蘇維埃聯邦共和國）一樣的社會主義革命。

一九一八年末，在柏林舉辦的全國工人士兵委員會上，獨立社會民主黨贊成社會民主黨提出的「建立穩健的議會制國家」方針。然而，仍有一群名為斯巴達克同盟（Spartakusbund）的激進派分子不滿這個結果，退出獨立社會民主黨，並創建了德國共產黨（KPD）。翌年，他們以「革命勢在必行」的口號進行激進的街頭活動，開始襲擊政府機構。

社會民主黨並不希望革命引發社會混亂，於是只得承認艾伯特的執政權，條件是維持戰時軍隊領導者、也就是軍官的地位，阻止社會主義革命的勢力。艾伯特麾下組成的政府軍和義勇兵便出面鎮壓革命分子。

德國革命是一場單純推翻德意志帝政的變革，成果只有完成政權的轉移。雖然這場革命催生出德意志共和國，但保守的本質幾乎沒有改變。

終結戰爭的方法

從革命動盪的一九一八年開始，德國國內籌備召開講和會議。為了結束戰爭，美國總統威爾遜（Thomas Woodrow Wilson）向德國提出十四條和平原則。

英國和法國得知十四條原則的內容後，紛紛表示美國過於天真。比方說第二條的「航海自由」（公海航行權）規定公海不屬於任何國家，這對於坐擁海上霸權的英國來說無疑是一種威脅；而第三條「消除國際貿易障礙」（建立平等通商關係）廢除了關稅壁壘，恐怕會致使原本就具有經濟實力的德國輕易再起。法國也同樣對此表達反對。

一九一九年一月舉辦的巴黎和會上，以美國、英國、法國為主的戰勝國討論和談的條件，但以德國為首的戰敗國和俄羅斯革命政府卻未受邀與會。過去曾經屈辱敗在普魯士手下的法國，主張必須加倍嚴懲德國。

五月，各國向德國開出和談條件，令原本樂觀期待的德國首腦大為震驚。條件包含放棄殖民地、縮編軍備、割讓領土、賠款等等，每一條都嚴苛至極，令德國難以接受。即使如此，身為戰敗國的德意志終究沒有選擇的餘地。

一戰後的德國

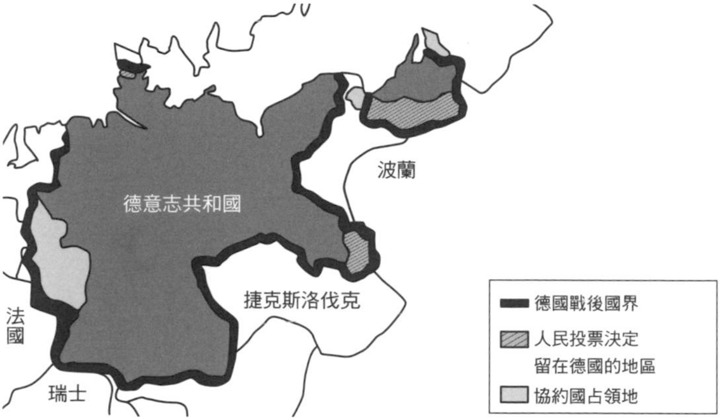

無法再負荷！

西元一九一九年六月二十八日，各國在凡爾賽宮殿的鏡廳裡簽署了條約。

首先，德國必須歸還從法國占領的亞爾薩斯－洛林地區；西部的煤礦區薩爾盆地（Saarbeckengebiet），則由剛成立的國際聯盟管理十五年，之後再透過居民投票決定歸屬於哪一國。

脫離德國獨立的波蘭，可以獲得德國割讓的波茲南（Poznań）和西普魯士（Westpreußen）。

上西利西亞（Oberschlesien）和東

普魯士（Ostpreußen），由居民投票決定歸屬哪一國；但澤（Danzig）成為自由市，波蘭擁有該地港口的使用權。堪稱德國人心靈故鄉的東普魯士，從此再也不是德國的領土了。

以丹麥人為大宗的什勒斯維希地區（Schleswig），經過居民投票後決定割讓給丹麥。奧伊彭（Eupen）和馬爾默迪（Malmünd）也一樣透過居民投票，割讓給比利時。

除此之外，德國也被迫放棄所有的海外領土，非洲的殖民由英國和法國瓜分，西南非的領土則是成為南非聯邦的託管地（國際聯盟委任統治的地區）；太平洋地區的赤道以北領地由日本託管，以南則由澳大利亞和紐西蘭託管。

至於軍事方面，也包含了非常苛刻的條款。德國不得實行徵兵制，而且陸軍編制的上限是十萬人、海軍是一萬五千人，艦艇最多只能配備三十六艘，並禁止擁有潛水艇和空軍。

此外，萊茵河右岸五十公里長的地帶和波羅的海沿岸都劃為非軍事地區，萊茵河左岸則由協約國占領十五年。

最後來看戰爭賠償方面，德國最終必須賠款一千三百二十億金馬克，這個數字遠遠超乎想像。

結果，德國失去了一三・五％的領土、一〇％的人口，幾乎不可能指望國力能夠復興。

另一方面，奧地利也同樣失去了領土。奧匈帝國分裂成為奧地利、匈牙利、捷克斯洛伐克三個國家；義大利、波蘭、羅馬尼亞也失去領土，疆域縮小到只剩戰前的四分之一。

尊嚴掃地的德國人，內心累積了非常大的仇恨，在條約簽署後，反凡爾賽條約的勢力隨即迅速崛起。

最後，德國國內動盪混亂，進而種下後續世界大亂的因子。

當時的日本

凡爾賽條約簽署的1919年，日本廢除滿州（現在的中國東北）的關東都督府，改組設立了關東軍司令部。名義上，關東軍的目的是守衛南滿州鐵道，實際上卻是不受本土指揮，擁有獨立權限的組織。

祕密專欄

德軍的編制和軍事預算

經歷戰後分裂與統一，逐步走向裁軍

德國在第二次世界大戰戰敗後，分裂成東西德，西德在美國等協約國的占領下裁撤軍備，東德軍備是在蘇聯的占領下也面臨同樣的命運。

直到一九五五年，西德在加入一九四九年成立的北大西洋公約組織（NATO）之後，才得以和同盟國協調，重新建立軍隊——德意志聯邦國防軍。

另一方面，在蘇聯占領下的東德則是組成有限的軍備，直到一九九〇年德國統一後，東德軍併入西德軍，才成為延續至今日的德國聯邦國防軍。

現在的德國聯邦國防軍，是由陸軍、空軍、海軍、聯合支援軍、中央醫療軍、網路司令軍這六個軍種組成。德國記取納粹時代的教訓，採行軍隊國家化制，任何軍事行動都必須得到聯邦議會認可。此外，早期曾一度施行徵兵制，不過早在二〇一

現代德軍的主力戰車——豹2A6型坦克

一年停止，改施行募兵制。東西德統一後，德國聯邦國防軍的規模縮小，從過去的五十萬兵力縮減至二十萬人。

近年來，德國仍持續削減軍事經費，二〇一八年的國防經費是四百九十五億美元（同年美國的國防經費為六千四百八十八億美元，日本為四百六十六億美元）。

統一前的西德是北約組織對抗蘇聯共產勢力的最前線，原本擁有二千輛戰車，堪稱坦克王國，然而現在德國陸軍可運行的戰車只剩六十八輛。空軍的主力戰機也因為缺乏保養維修，許多飛機都無法起飛，國防經費不足的問題已逐漸浮上檯面。

耐人尋味的德國偉人④

近代經濟學的思想巨人

馬克思

Karl Heinrich Marx

（1818～1883）

持續探討勞動與社會的共產始祖

馬克思的家鄉位於德國西南部特里爾，誕生自一個猶太教家庭，父親是特里爾當地的拉比。馬克思於大學期間研修法律和哲學，畢業後在科隆的一家報社《萊茵報》從事編輯工作，終其一生都在鑽研勞動與經濟的問題。

他指出，工業革命後勞動形式產生變化，勞工仰賴機械而遠離生產工作，無法得到人類生存應有的充實感，另外也指出資本主義具有結構上的缺陷。他將共產的社會視為理想，唯有共產主義才能使人民與勞動達到最佳的平衡。他將自己的思想理論寫成《資本論》一書，不斷提倡要透過階級革命來完成社會的變革。

馬克思因為其危險的思想而被逐出祖國德國，最後在英國得到友人恩格斯的援助，繼續研究如何實現一個眾人幸福的社會。如今，他的思想依舊持續傳承。

chapter 5

從威瑪共和走向納粹德國

總統取代了皇帝

政權轉移後，成為共和國的德國，開始著手制定推動國家的政策。首先必須決定議員名單，開會商討新憲法的內容。

一九一九年一月，德國在新體制下舉行國民議會的議員選舉。第一次世界大戰前的政黨，也改名投入了選戰。

這場選舉當中，以大約三八%的得票率贏得第一大黨的是社會民主黨，但是因為得票數並未過半，所以與中央黨、民主黨組成名為「威瑪聯合」的聯合政府，共同執政。

選舉後，由於國民議會是在德國中部的威瑪召開，所以新德國就稱作「威瑪共和國」（Weimarer Republik）。新憲法就在這裡審議表決。

新憲法尊重自由主義者的意見，明文保障生存權、社會權（人必須活得像人的基本權力），並賦予國家保護國民的義務。而且，二十歲以上的男女都有投票權，採取根據得票數（六萬票）來分配議會席次的比例代表制。

於是，國民的意志將更明確反映在政策上，德國的憲法（威瑪憲法）在當時的世界是最民主的憲法。

新共和國的正式的國名是「德意志國」。雖然在廢除皇帝、制訂新憲法的時候，全國上下都明白國家採取共和制，但這和國名是兩回事。社會民主黨曾經提議在國名中加入「共和」，但不為保守派的政黨接受。

沒有皇帝的德國，國家元首是由國民選出的總統擔任。當全國進入緊急狀態時，總統有權制訂新法律來因應。

而德國的第一任總統，就是由社會民主黨黨魁艾伯特出任。

被迫簽訂凡爾賽條約

第一次世界大戰後的德國人，大多都認定「是協約國強迫我們簽署凡爾賽條約」而忿恨不平。因為德國不只是在戰場上敗北，還面臨社會主義者罷工和猶太人叛變，所以「德國腹背受敵才會失敗」的說法才會流傳開來。

艾伯特總統將一戰戰敗的責任，歸咎於主張「皇帝掌權的時代比現在更好」的保守勢力。許多人都渴望在新的國家體制穩定後一掃屈辱、重拾德國人的尊嚴。

威瑪共和國在內政、外交兩面仍持續受到考驗。威瑪聯合在國民議會上占有四分之三的席次，但是包含退伍軍人在內的保守勢力和共產黨，卻排拒以議會為中心的政治體制，還發起動亂，企圖建立像蘇聯一樣的共產黨獨裁體制。

一九一九年四月，慕尼黑工人發起暴動，宣布成立巴伐利亞蘇維埃共和國。這場暴動在五月由民兵和右翼分子組成的義勇軍鎮壓，但翌年三月軍隊解散後，心有不滿的退伍軍人便占領了柏林的政府官邸。這場動亂就稱作「卡普政變」。

反對卡普政變的工人，便發起罷工以保護政府，使德國的產業暫時停擺。另一方面，政變的勢力則是內訌分裂，最後政變失敗。

攻擊政變分子的義務士兵後來加入國防軍，或是投入右翼團體，多次暗殺自由主義者和社會主義者。

以艾伯特為中心的社會民主黨，未能推出獲得國民支持的明確政策，逐漸失去領導聲望，最後於一九二〇年的選舉中慘敗，在威瑪聯合的議席只剩下一半以下。

之後，國民因為第一次世界大戰的賠款金額而愈發不滿，政府卻無法安撫民心，政局始終動盪不安。

在長期混亂之中，一九二三年八月，多個政黨組成了大聯合內閣。以德意志人民黨的古斯塔夫・施特雷澤曼（Gustav Stresemann）為總理組織內閣，開始逐步處理國內外的問題。

當時的日本

1923年9月1日上午11點58分，關東地區發生大地震，震央位於相模灣。首都圈中心地區大量民宅倒場、火災意外頻傳，損失非常慘重，死者和失蹤者多達10萬人以上。地震當時，日本的新內閣還在籌備中，9月2日即成立由海軍大臣山本權兵衛率領的內閣，開始展開救災工作。

付不出巨額賠款！

對於施特雷澤曼來說最頭痛的問題，就是龐大的賠款。

政府不停印刷紙鈔，用來歸還戰爭時期為了籌措軍事兵器、維持物資配給而向企業與資產家商借的貸款。市面上流通的紙鈔增加，貨幣價值就會下降，但物價卻會上升，結果戰後的德國便發生了通貨膨脹。

勞工的薪水也隨著物價上漲而提高，有助於促進國家經濟，但是外匯的通貨價值下降，使得這筆天價賠款註定無法在短短一年內付清。對此怒不可遏的法國和比利時，遂於一九二三年一月占領了德國的工業區魯爾。

這時的德國政府號召魯爾地區的勞工「假裝工作」，除了煤礦工人以外，資本家也響應這股號召。政府為了保障這些人的薪資，只能繼續印刷更多紙鈔。

結果，在一九一四年用一馬克可以買到的東西，到了一九二三年竟然要價一兆馬克。這種現象就稱作惡性通貨膨脹。勞工因為物價過高而無法購買物資，民怨高漲，處於極有可能再度發起革命的狀態，不過政府早一步出面鎮壓了行跡可疑的勞工。

以施特雷澤曼為首的新政府，最後發行取代舊馬克的新貨幣——地產抵押馬克（Rentenmark，又稱地租馬克），才成功解決通貨膨脹的問題。

希特勒登場

一九二三年，阿道夫・希特勒（Adolf Hitler）在巴伐利亞的慕尼黑起義，計劃進軍柏林，但以失敗收場（慕尼黑政變）。慕尼黑是巴伐利亞的中心城市，有許多思想保守的人。納粹的前身德意志工人黨（DAP），也是成立於這座城市。

施特雷澤曼處理慕尼黑政變的手段遭到撻伐，議會發起倒閣，於是他只能辭職、改任外交部長，開始力圖改善德國與各國的外交關係。而他的努力奏效了，一九二四年到二九年，德國的外交關係十分穩定。

在賠款問題上，德國接受由美國財經專家查爾斯・道威斯（Charles Gates Dawes）擔任委員長的特別委員會所提議的道威斯計畫，決定每年清償金額的改革案。此外，施特雷澤曼還打算接受美國的資金來重振德國經濟，而且他也成功了，德國社會這才終於得到久違的安定。

不僅如此，一九二五年，英國、法國、德國、義大利、比利時簽訂了羅加諾公約（Locarno Treaties），協議共同保障整個歐洲的安全。同年，占領魯爾地區的法國和比利時撤兵，德國遭到包圍的處境這才慢慢紓解。

向左走，還是向右走？

一九二五年艾伯特去世後，德國舉行了總統大選，當選的是保羅・馮・興登堡（Paul von Hindenburg）。興登堡曾以軍人之身投入第一次世界大戰，就任總統後先依循憲法施政，但後來卻漸漸開始強行蠻幹，並將社會民主黨逐出內閣外。

這時，德意志帝國時代的參謀總部已依照協約國軍隊的指示廢除，但國內仍有許多繼承了帝國主義精神的軍人和官僚，他們都反對威瑪憲法。雖然德意志帝國因戰爭和革命而滅亡，但德意志的本質並沒有任何改變。

一九二六年，興登堡成功讓德國加入國際聯盟、回歸國際社會，穩定了國內情勢。在一九二八年的選舉當中，社會民主黨大勝，德意志國家人民（國民）黨及其他勢力萎靡。

興登堡內閣最大的懸念就是賠款問題。一九二九年，美國提出了延長德國賠款清償期限的揚格計畫，令德國的資本家大為欣喜。外交部長施特雷澤曼接受這項賠款計畫，條件是隔年協約國軍隊必須撤離萊茵蘭（Rheinland，編註：德國西部萊茵河的左岸土地，一戰後根據凡爾賽條約，由協約國聯軍進駐）。

然而，德意志國家人民黨和國家社會主義德國工人黨（納粹）等右派政黨，都認為德國沒有義務賠款而嚴加反對。

勢力龐大的右派政黨德意志國家人民黨黨魁阿爾弗雷德・胡根貝格（Alfred

Hugenberg），主導了一場反揚格計畫的鬥爭，大肆宣傳要將贊同揚格計畫的國會議員全部處以叛國罪。不只如此，胡根貝格還壟斷了報紙和電影產業，企圖利用這些媒體來打擊左派。

納粹大躍進！

一九二九年十月，從美國華爾街股價崩盤開始的經濟大蕭條，隨即延燒到了歐洲。從美國開始，各個國家紛紛撤回所有過去投資德國的資金，但是在經濟大蕭條初期，德國的經濟還只是單純地不景氣而已。

不過在一九三一至一九三二年，德國經濟狀況明顯惡化，出現勞工薪水減少、失業人口增加等問題。在經濟不景氣日益嚴重的背景下成立的布呂寧內閣，期望能透過財政緊縮與通貨緊縮政策，以及提高稅金來度過這場災難，卻遭到議會強烈反對。於是總理海因里希・布呂寧（Heinrich Brüning）解散議會，舉行議會普選。

在這場選舉中大獲全勝的，是反對德國賠款的納粹黨，席次從過去的十二席大幅增加為一〇七席。納粹勢力的壯大，使威瑪共和國處於實質上的消亡。

一九三一年，德國以經濟衰退為由拒絕賠款。因此，美國總統胡佛（Herbert Hoover）向德國提出了一年的延期償付權。

在翌年召開的洛桑會議上，德國的主張得到認同，賠款調降至三十億金馬克。然而到了一九三三年，希特勒成為裁定授權法的最高當權者後，便拒絕了這項提議。

德國剛開始與各國協商調降賠款時，是由總理

當時的日本

經濟大蕭條的影響，當然也蔓延到了日本。日本政府推出緊縮政策，打算控制財政支出並提高稅金來度過這場危機。然而這項政策卻造成出口產業大受衝擊，相關企業股價暴跌，通貨緊縮愈來愈嚴重，中小企業陸續破產，城市和農村都出現了失業潮。

布呂寧出任代表。但是希特勒一掌權，布呂寧便黯然辭職，結果成功減少賠款的功勞歸希勒勒所有，大大助長了納粹的風評。

打著「社會主義」招牌的黨名

那麼，納粹是如何登上政壇的呢？

納粹的前身「德意志工人黨」，成立於凡爾賽條簽署的一九一九年，而後才在一九二〇年成為正式的政黨，並且更名為「國家（國民）社會主義德國工人黨」（Nationalsozialistische Deutsche Arbeiter Partei，縮寫為NSDAP）；翌年，希特勒就任為黨魁。

納粹主張國家高於一切的國家主義，屬於右翼政黨，但是黨名卻包含了社會主義一詞，這是因為他們認同必須拉攏追求社會主義的勞工。當然，納粹實際上的政治立場是反社會主義，這一點毋須多言。

納粹黨是在慕尼黑政變的時候打響名號。坊間都在流傳這場由納粹主導的政變失敗了、希特勒因叛國罪入獄五年。他在獄中寫成的口述筆記《我的奮鬥》（*Mein Kampf*），後來還成為納粹黨的聖經。

希特勒從政變失敗的教訓，學到必須透過合法的手段奪取政權。但是，納粹的暴力本質並未因此消失，納粹發展的背後總是與衝鋒隊（Sturmabteilung，縮寫為SA）主導的暴力行動有關。

一九二三年至二八年期間，由於議會並沒有席次特別多的獨大政黨，所以仍維持民主黨、中央黨、人民黨的中右翼聯合內閣。意見相左的黨派之所以能夠組成聯合內閣，全都是仰賴施特雷澤曼卓越的協調能力。

納粹勢力雖然一度低靡，不過在一九二四年希特勒出獄後，組織便死灰復燃。各地創立納粹分部，在各個地區分散活動的衝鋒隊統合後歸慕尼黑總部管轄。

納粹盛大舉行了衝鋒隊的閱兵遊行，彰顯自己的存在。在各地舉辦的共產黨集會中，衝鋒隊也經常與共產主義者發生對立糾紛。

雅利安人東進

經濟大蕭條造成德國經濟惡化，施特雷澤曼因贊同揚格計畫而遭到反彈，助長了納粹的支持率。為了安撫民怨，希特勒在《我的奮鬥》中主張雅利安人的優秀血統，強調雅利安人往東方拓展「生存範圍」有助於德國的發展。

在一九三〇年九月的選舉當中，納粹在議會中一舉成為僅次於社會民主黨的第二大黨，這場連納粹內部也訝異的勝選，讓希特勒決定趁機奪取政權。

希特勒不樂見納粹埋沒在右派勢力之中，於是獨立參選一九三二年三至四月的總統選舉。結果這次當選的是興登堡。

不過，希特勒打算在投票中募得一千三百四十萬票，藉此讓納粹奪得政權。

同年七月的國會議員選舉，納粹推出的候選人當中，共有兩百三十人當選人；但因為衝鋒隊的暴行遭到許多輿論反對，同年十一月的選舉中，當選議員人數下降至一百九十六名。希特勒深感大事不妙，便設法親近興登堡、力圖改善關係，並表現出願意與其他右派勢力合作的立場，才終於度過這場危機。

青年擁戴的納粹

納粹成功的原因很多，其中最大的原因，就是廣大階層的德國平民在一戰戰敗後自尊心破碎，而納粹的訴求是找回自己原有的權利，才會獲得大幅支持。

另外還有一個原因，就是納粹善用衝鋒隊、親衛隊（Schutzstaffel，縮寫為SS）、希特勒青年團（十至十八歲的納粹青少年組織）、鋼盔前線士兵聯盟等動員大眾的組織，進行街頭宣傳、露營、集會等活動來增加支持者。

納粹在傳統上社會民主黨與共產黨深耕的地區，以及中央黨支持者較多的地方，都沒能輕易拉攏到更多支持者。不過，正因為納粹並非扎根特定地區的政黨，所以才能在全國各地都受到廣大的支持。

各個階層都對德國在國際上的弱勢地位非常不滿，要激發國民情感易如反掌。

納粹的黨員、支持者大多是未滿四十歲的「青年」。在動盪時代下成長的年輕人，內心都想要抵抗這個由菁英和名門掌控的社會，所以許多同仇敵愾的夥伴才會聚集在一起。最好的證明，就是大多數貧民都加入了納粹的暴力組織衝鋒隊和親衛隊。

與共產主義為敵

一九三三年一月，希特勒獲得保守派的支持，贏得國會大選，成為總理。受到納粹招攬的保守派掌握了議會，使議會無法實質運作，建立了獨裁體制。希特勒站上可以推動國家政治的立場，但他認為這個階段還只是走向納粹一黨獨裁體制的第一步。

對希特勒而言最好的時機，就是同年二月發生的議會縱火事件。他強行將此事的罪名加諸於共產黨，藉此徹底打壓共產黨勢力。

三月，議會解散，來到透過大選一決勝負的時刻。納粹首度運用收音機廣播宣傳選舉活動，徹底妨礙社會民主黨及其他反對勢力的運動。即使如此，納粹依然沒有得到過半的票數，必須聯合在野黨的票數才勉強過半。

靠著聯合其他政黨才取得過半席次的希特勒，在議會上提出將所有權力賦予納粹的「授權法」。

納粹這時藉機逮捕共產黨議員，並答應中央黨會改善與羅馬教宗的關係。結果，在只有社會民主黨反對的情況下，議會表決通過了授權法。

形式上是納粹的權力得到議會的認可，但無法否定納粹是藉由暴力才能成功。第一次世界大戰後曾在德國萌芽的民主精神，就此煙飛灰滅。

納粹獨裁之所以得到議會認同的最大主因，就是社會民主黨、共產黨、中央黨無法團結一致。

此外，一九一七年俄國十月革命（勞工掌權的社會主義革命）成功，令德國國民飽受衝擊。德國人民親眼見證階級革命的歷史，不願祖國赤化，才會轉而支持反共的納粹黨。

是國軍，還是衝鋒隊？

成為總理的希特勒，與羅馬教宗簽署了宗教協定（Concordat），確定國家與教會之間的協議。此舉表面上是展現友好關係，實際上卻有利用教會的意圖。

在軍事當局的強烈請求下，由希特勒執政的德國脫離了裁軍談判會議（一九三二年召開的會議，但未有重大成果）和國際聯盟，於是德國在國際上陷入孤立。

實現一黨專政的希特勒，目前只剩下軍隊的問題。問題在於到目前為止對納粹有重大貢獻的直屬武力組織衝鋒隊，與德國國軍是否能夠並存。

衝鋒隊成立以來，數百萬名隊員的暴力行動對於建立獨裁體制貢獻深遠，卻受到整個社會的排拒。領導者恩斯特．羅姆（Ernst Röhm）還打算讓衝鋒隊成為未來的德軍中樞，但是，對此大為不滿的軍事當局卻要求解散衝鋒隊，於是希勒勒便逮捕了羅姆等幾名主要幹部並處死。

之後，衝鋒隊又重新編組成親衛隊。希特勒雖然大肆利用這個組織，卻也十分提防其暴力性。

羅姆遭到處決後，在總統興登堡逝世的一九三四年，希特勒通過法律，成為擁有唯一絕對權力的「元首」（Führer），正式君臨政治的頂點。從此以後，德國開始走向反凡爾賽體系。

失業浪潮壯大納粹聲勢

在納粹大躍進的同時，德國的當務之急，是在一九三三年必須救濟已經多達四百八十萬人的失業人口。希特勒也踏實地逐步解決這項問題。

首先，光是納粹新體制的組織運作就需要雇用超過一百萬名新員工，等於是為許多失業人士提供了職缺。

另一項失業者的對策則是建設高速公路（德國聯邦高速公路，Autobahn）。這條道路也是軍用道路。希特勒還在巴伐利亞的紐倫堡盛大舉行黨大會，招攬建設議會大樓的勞工。

軍需產業方面，也雇用了許多失業人士。納粹的目標是推翻凡爾賽體系，因此

絕對少不了軍備強化。但是這筆經費不可能尋求外國支援，所以經濟部長亞爾馬．沙赫特（Hjalmar Schacht）利用自己在德意志帝國銀行（國立銀行）的行長地位，向各企業要求企業獻金，準備好了大筆資金。但這樣依然不夠，最後只好將負擔轉嫁至國民的稅金。

確保食物和資源

納粹期望實現自給自足，計劃增加穀物和畜產品的產量，因此以較高的價格採購農產品，讓農民非常滿意。隨後納粹制定新制度，規定只有長男才能繼承雙親財產，保護大地主的權益。除了長子以外，大多數的兄弟都沒有好處可以拿。

另一項懸案，則是確保工業用的原料。鋼鐵和煤礦還可以靠國內供給，但石油及其他資源只能仰賴進口。然而，戰敗國的德國根本無法籌出進口用的外幣，因此納粹便想出了以物易物的貿易方法。德國用工業產品交換匈牙利、羅馬尼亞、南斯拉夫等各國資源，交換貿易十分盛行。

德國還趁著英國與法國為爭奪市場主導權而對立時，將觸角延伸至中南美、巴爾幹和中國。

當納粹逐步實行各式各樣的政策時，經濟大蕭條的影響仍持續延長，最後物資終於枯竭。一九三六年，希特勒發表「四年計畫」，建立石油、橡膠、纖維、鋼鐵皆由國內自給自足的體制。

計畫的內容是實現石油、橡膠、纖維都以人造物質來製造供應，而且某種程度來說，政策實踐得很成功。

優秀的德意志民族？

當時的日本

希特勒發表四年計畫的1936年，日本發生了二二六事件。陸軍的青年軍官起義，暗殺大藏大臣高橋是清、內大臣齋藤實等人，一度占領了總理大臣官邸、警視廳、陸軍省、參謀總部。此事令昭和天皇大為震怒，數日後動亂隨即被鎮壓。

納粹執政時，德國的勞工薪資依舊低靡。一九三七年，希特勒實行完全就業制（人人有工作），雇主為了預防員工離職，紛紛縮短勞動時間並給予特殊紅利。

納粹發現此一現象，便打算利用休閒活動和娛樂來獲得全體國民的支持。屬於全國性工會的勞工陣線建立了「力量來自歡樂」組織，讓勞工得以參加週末的音樂會、一日旅行，或是搭乘遊輪前往北歐觀光等度假活動。另外，納粹還招募志工以便施行福利政策，並且為母親單親家庭和貧困家庭救濟食物。

納粹還有一項政策，就是製造國民人人皆可低價購買的「平民化汽車」。希特勒指示保時捷博士（Ferdinand Porsche）設計國民汽車（Volkswagen）。雖然在戰爭開始後，這種汽車便徵收作為軍備，並沒有普及至民間；但是戰後汽車外銷卻一舉風靡全世界。這輛車就是福斯一型，通稱福斯金龜車（VW Käfer）。

希特勒所建構的納粹理論（納粹主義），飽受後世的批判。但是，從德國當時所處的狀況以及德國以往的歷史來看，這種渴望民族繁榮、賦予國民夢想的思維卻也頗具吸引力。

首先是「生存範圍」的思維。優秀的德意志民族必須生存下去，為此必須要有自給自足的土地。這是排除異己的危險思想。納粹為了建立優秀德國人組成的民族共同體，而開始採取將猶太人、反社會分子和身心障礙人士逐出德國的行動。

謝絕猶太人

迫害猶太人的行動從納粹掌權的一九三三年開始正式啟動。這一年，官僚和律師等官方職業紛紛開除猶太人，猶太人作家的書籍也全數燒燬。

當時，德國國內的猶太人大約有五十萬，占全部人口不到百分之一。納粹初期採取的猶太人政策，只是逼迫他們移居外國而已；然而願意接納移民的國家少之又少，導致許多猶太人仍然滯留在德國境內。

納粹因政策進展緩慢而焦躁不耐，便於一九三五年頒布了「紐倫堡法案」（Nürnberger Gesetze），褫奪猶太人的公民權（參與政治的權利）。猶太人禁止與德國人結婚，淪落到次等公民的地位。

而且，各地的商店還掛出「謝絕猶太人」的看板。猶太人被排除在經濟活動之外，還失去了享受公共福利的權利。

猶太人的限制愈來愈嚴格，一九三八年，只要持有五千馬克以上的財產就有申報的義務、醫師執照全數作廢，並強制更換印有代表猶太人「J」字的新護照。

期間，巴黎的德國大使館發生館員遭猶太青年暗殺的事件，導致一九三八年十一月九日的夜晚，德國全境發起由納粹主導的猶太人迫害行動。猶太教會堂、商店、住宅、企業遭到襲擊，四處噴裂的玻璃碎片宛如水晶般閃耀，因此這起事件又稱作「水晶之夜」。直到戰爭結束以前，猶太人始終都是納粹的眼中釘。

狂熱的柏林奧運

時間稍微往前，納粹為了提高民族意識，而於一九三六年舉辦柏林奧運。

在八月一日的開幕典禮上，當希特勒正在致詞時，主運動場上的十萬名觀眾都將右手斜舉至前方、行納粹禮。

納粹利用廣播和出版品等媒體，多次舉辦黨大會和紀念慶祝大會。因此納粹思想得以傳播至全國，引發許多國民的共鳴。

但是，就算是德國人，也受到祕密國家警察（縮寫為Gestapo，中文音譯蓋世太保）監控，在嚴密的管制下生活。

打破凡爾賽體系！

逐漸穩定體制的納粹，最大的目標就是打

破凡爾賽體系。

希特勒開始採取行動，是從一九三五年國際聯盟託管的薩爾盆地地區，由當地居民投票決議回歸德國後才正式展開。在此之前，希特勒為了避免節外生枝，並沒有採取霸道的外交模式。

薩爾盆地回歸後，希特勒宣布要重整軍備、恢復徵兵制。然而英國、法國、義大利為避免與德國正面對峙，僅僅只是發布譴責聲明而已。之後，德國因為簽下協定，允諾海軍規模最多只擴大到英國的百分之三十五，重整軍備的行動才獲得國際公認。

一九三六年，德國進軍非軍事區萊茵蘭。前一年，義大利總理墨索里尼（Benito Mussolini）出兵攻占衣索比亞，飽受國際社會的批判；而同樣蒙受撻伐的

當時的日本

納粹勢力在德國擴張的1928年，中國發生東北軍閥張作霖遭到日軍炸死的事件。之後日本掌控了中國東北，並於1932年建立滿州國。1937年，中日軍隊在北京郊外的盧溝橋爆發衝突，開啟了中國抗日戰爭的序幕。

德國便開始親近義大利。

這一年，西班牙的佛朗哥將軍（Francisco Franco）發起武裝政變，奪取政權，建立起獨裁國家。反對佛朗哥的知識分子組成國際義勇軍與之抗衡，西班牙陷入內戰狀態。

大戰前夕

西元一九三七年四月，納粹德國為了支援佛朗哥，派出戰機地毯式轟炸西班牙的城市格爾尼卡（Guernica y Luno）。兩國都受到國際社會譴責，反而加深了義大利與德國的關係。附帶一提，著名的反戰名畫《格爾尼卡》，正是當時身在巴黎的西班牙畫家畢卡索（Pablo Ruiz Picasso），得知空襲的消息後所畫下的作品。當年，畢卡索正在繪製巴黎萬國博覽會西班牙館展示用的作品，他得知消息後，立刻轉而開始繪製《格爾尼卡》。

格爾尼卡居民遇難的同一年，義大利也加入了日本與德國簽訂的反共產國際協定，成為三國共同的協議。後來這三個國家組成三國同盟，而與德、日、義站在同一陣線的國家，就稱作「軸心國」。

一九三八年，希特勒決定征服海峽對岸且軍事實力也不可輕忽的英國，使納粹德國登上立足歐洲的王者。他開除反對的將領，執掌陸海空三軍的最高統帥。三月，德國與奧地利合併，史稱「德奧合併」（Anschluss，德語意指「聯合」）。奧地利大多數國民，也樂於實現大德意志統一。奧地利雖然也是德意志人建立的國家，但卻在一八七一年普魯士統一德意志帝國時被排除在外。

接著，德國要求鄰國捷克斯洛伐克讓出蘇台德地區（Sudetenland）。情勢走到這一步，英國和法國終於開始提高戒備，在慕尼黑召開高峰會。

但是，當時的英國首相張伯倫（Arthur Neville Chamberlain）卻承認這次割讓土地的正當性，條件是德國不得再繼續擴張領土。結果，德國就這麼輕易得到了礦產豐富的工業地帶。

繼蘇台德地區之後，德國又仗著強大的軍事力量，威脅勢力逐漸衰弱的捷克斯洛伐克承認斯洛伐克共和國獨立，事實上合併了斯洛伐克共和國，並且從立陶宛手中奪得位於兩國交界的梅梅爾地區（Memel，編註：即現今的克萊佩達〔Klaip da〕，通往波羅的海的海港）。

英國和法國見證德國步步壯大勢力，決定改變策略以阻止希特勒的野心，答應支援德國下一步企圖併吞的波蘭。

然而，與英國、法國同為歐洲大國的蘇聯，卻無意和德國作對。因為蘇聯與德國為爭奪波蘭而交惡，蘇聯領導人史達林（Joseph Stalin）希望改善對德關係，而德國也不希望在這個節骨眼上與蘇聯交戰。

第二次世界大戰爆發

一九三九年八月，雙方簽訂德蘇互不侵犯條約，祕密約定瓜分東歐各國。

在德國與蘇聯簽訂互不侵犯條約的一九三九年九月一日，德軍侵略波蘭，蘇聯也進軍波蘭。弱不禁風的波蘭遭到德蘇兩國瓜分。英國和法國為了阻止納粹而向德國宣戰，第二次世界大戰正式展開。

最後，日本、美國也參與這場戰爭，形成日德義對上英法美的局面。

法國記取第一次世界大戰的教訓，在德法邊境建造了名為馬奇諾防線（Ligne Maginot）的複合式堡壘。德國也儘量避免進攻，儘管戰火已經點燃，雙方卻遲遲未展開戰鬥。

德國最重視的是波羅的海。一九四〇年四月，德國為了確保作戰戰略和貿易無阻，並預防英軍

當時的日本

1936年的國際奧林匹克委員會投票中，日本東京對上芬蘭的赫爾辛基，以36對27票贏得主辦權。原預定於1940年舉辦的東京奧運，卻在國內外的反對聲浪下，日本政府只好歸還主辦權，最後由赫爾辛基主辦。不過後來因為二次大戰爆發，未能於該年舉辦奧運。

從斯堪地那維亞半島登陸，於是決定先下手為強，占領丹麥和挪威。緊接著，德軍又占領荷蘭和比利時，六月從馬奇諾防線的背後攻擊法國，最終攻陷巴黎。

被德國占領控制的法軍並沒有抵抗，還在維琪建立了協助德國的維琪政府（Régime de Vichy），由貝當（Henri Philippe Pétain）擔任元首。

五月到六月，被逼退到法國北部敦克爾克（Dunkerque）的英、法約三十四萬名將兵成功撤退，但是駐紮加萊（Calais）的英軍為了掩護同袍撤退而力抗德軍主力部隊，結果全軍覆沒。

八月到九月，德國空軍空襲英國本土，但是在英國空軍的活躍下，加上轟炸機的續航距離太短，進攻失敗。於是希特勒開始考慮入侵蘇聯（巴巴羅薩行動）。

沙漠之狐隆美爾

與英、法兩國展開生死殊鬥的德軍，在一九四一年二月為了支援在非洲苦戰的義大利，派兵登陸非洲大陸。德軍的元帥是有「沙漠之狐」稱號的隆美爾（Erwin Rommel）將軍。

隆美爾面對種種不利的戰況，仍然在托布魯克圍城戰與第一次阿拉曼戰役中，運用精湛的戰術擊敗英軍。

德國乘勝追擊，於四月占領了南斯拉夫和希臘。但是，德國未能維持北非的戰線補給，只能繼續苦戰。就在這個時候，希特勒決定與違背納粹主義的蘇聯開戰。六月，蘇德戰爭爆發；同年十二月，美日也開戰，戰場遍及全世界。

一九四二年六月，德國進攻蘇聯領土，企圖奪占高加索地區的油田。在這片東方戰線上，最大的戰場就是史達林格勒（現在的伏爾加格勒）。在頑強

的蘇聯軍抵抗下，德軍戰況持續惡化，加上補給路線遭截，導致德軍有八十五萬人戰死。

蘇聯大軍來襲

德國在史達林格勒戰役以失敗告終，一九四三年二月，德軍投降，俘虜大約有九萬六千人。他們被迫從事嚴苛的勞動，最後生還返回德國者大約只有六千人。勢力壯大的蘇聯軍進攻德國領土，使德國在東歐的占領地有大批難民擁入德國境內。

同年五月，德國繼續遭受追擊，在北非與義大利共同作戰的德軍最後也向盟軍投降。北上的盟軍登陸西西里島，步步逼進義大利半島。

義大利國內的親德派和主張與盟軍和談的協調派互相對立，七月，協調派逮捕了總理墨索里尼，接任的巴多格里奧（Pietro Badoglio）向盟軍投降。失去義大

利的協助，使得日德義三國的軍事同盟徹底瓦解。

投降蘇聯、非洲戰線失敗，情勢對德國十分不利。另一方面，盟軍則是在歐洲戰線整兵準備反攻德國。

一九四四年六月，以英國、美國為主的盟軍士兵登陸法國北部的諾曼第海岸。這場「諾曼第戰役」動員了總共十七萬六千人、艦艇五千三百艘、戰機一萬四千架。

德軍已料想到聯軍會從海岸進攻，但是未能確定登陸地點，因此陷入苦戰。戰火延燒兩個月後，德軍敗退。八月，盟軍成功解放了被占領四年又兩個月的巴黎。

第二次世界大戰的戰線

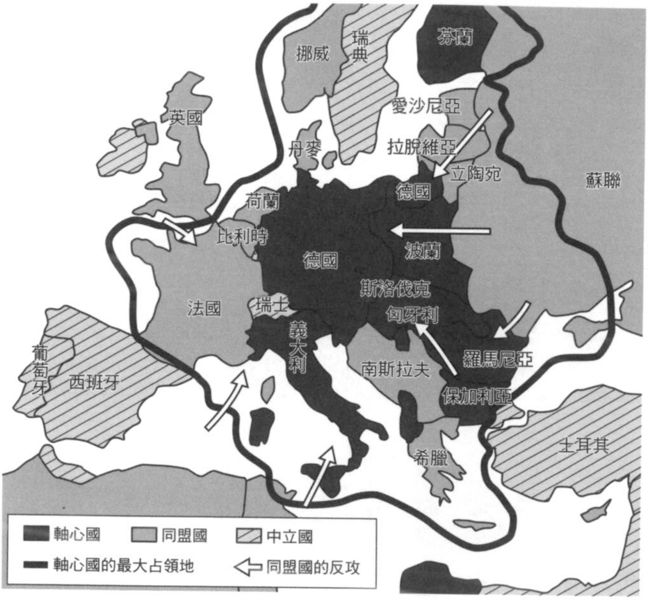

希特勒之死

德國陷入了窮途末路，國內對希特勒不滿的聲浪愈來愈高。一九四四年七月，發生了軍隊裡多名反納粹的將領暗殺希特勒未遂的事件。

這項隆美爾也參與其中的暗殺計畫，卻因希特勒預計出席的會議臨時變更場地，才以失敗收場。之後，相關人士理所當然都遭到處決。

一九四五年三月，盟軍越

過萊茵河；四月蘇聯占領維也納、逼近柏林。希特勒認為德國已經逃不過戰敗的命運，遂於四月三十日舉槍自盡。

隨後，海軍元帥卡爾・鄧尼茨（Karl Dönitz）身兼總統一職，組成臨時政府。鄧尼茨派遣作戰部長阿爾弗雷德・約德爾（Alfred Jodl）前往法國交涉投降。

五月六日，鄧尼茨決定全面投降，並授權約德爾簽署投降書。翌日，盟軍最高統帥德懷特・艾森豪（Dwight Eisenhower）與約德爾簽署投降書，德國無條件投降。此後德國便由盟軍占領。

當時的日本

在德國投降的1945年5月，日本此時也面臨走投無路的絕境，所有城市都因為美軍空襲而燒成一片荒蕪。即使如此，日軍依然有人主張要在本土一決勝負。另一方面，蘇聯擊敗德國後打算侵略日本，並且將兵力全數調往遠東（8月8日侵略滿州國）。

秘密專欄

德國的體育發展

世界首屈一指的足球大國，新興運動也大受歡迎

後面的一九三頁將會提到，德國是全球首屈一指的足球強國。自從西德在一九五四年的世界盃足球賽（以下簡稱世界盃）首度奪冠以後，德國總共贏得了四次冠軍和四次亞軍，成績僅次於贏得最多冠軍的巴西。

德國在二〇〇〇年的歐洲聯賽吞敗後，德國足球協會大幅改革培訓制度，依照能力在團隊裡各司其職，從長遠的目標來栽培球員，並組織陣容堅強的球員名單。

在二〇一四年的巴西世界盃上，德國成功擊敗主辦國巴西，抱回冠軍獎座；然而四年後的二〇一八年俄羅斯世界盃上，卻意外在第一輪慘遭淘汰。未來德國是否能夠在二〇二二年的卡達聯賽中回歸，絕對值得眾人期待。

二十世紀上半葉，由德國發明的新興運動「輪式體操」，是在兩個平行相連的大圓

德國發明的輪式體操和桌球頭球

輪式體操

©Bundesarchiv、Bild 183-10454-0004

©Karl Bachmann 2010

桌球頭球

輪之間操控圓輪，做出各式各樣的動作，在歐洲非常受歡迎。

「輪式體操」的德語Rhönrad，其實就是「圓圈」的意思。用圓圈做出立體的大幅旋轉動作，人體也會在裡面一同旋轉。這種運動不僅可以充分運用全身肌肉，又能達到解放全身的效用，有助於紓解壓力，在精神方面的放鬆效果也廣受矚目。

二〇〇六年，德國的大學生發明了「桌球頭球」。這是一種結合了桌球和頂球的運動項目。

桌球頭球使用的球臺和桌球桌幾乎相同，規則也和桌球一樣，唯一的不同在於雙方選手是以頭互頂相當於手球大小的球。競賽過程中需要連續做出「頭槌」這種會動用全身的激烈動作，比賽過程的精彩刺激可不亞於其他運動。

耐人尋味的德國偉人❺

一本流傳全世界的日記

安妮．法蘭克

Anne Frank

（1929～1945）

躲藏時懷揣作家夢而寫下的殘篇

安妮是猶太裔德國人，是居住在法蘭克福的猶太人家庭裡的次女。她擅長繪畫和寫作，未來的志向是成為作家。

1933年，納粹掌握政權後，翌年，安妮一家為了躲避迫害猶太人的行動，舉家搬遷至荷蘭的阿姆斯特丹。

然而，納粹開始強行逮捕猶太人，安妮一家便將父親奧托的辦公大樓增建的部分改造成隱蔽的密室，躲在其中生活。1944年，藏身處曝光，全家人被逮捕送往集中營，在集中營裡繼續生活。

安妮和母親後來死於集中營。她以前在密室裡寫下的日記，在戰爭結束後歸還到父親奧托的手中，日後才出版成為《安妮日記》（*Het Achterhuis*）。《安妮日記》在全世界發行超過3千萬冊，並且列入聯合國教科文組織的世界記憶名錄。

chapter 6

聯邦共和國與民主共和國

戰後審判，如何定義納粹？

西元一九四五年五月七日，德國無條件向同盟國投降；六月五日，盟軍對外公布德國中央政府瓦解，由美國、英國、法國、蘇聯這四國占領的消息。德國的新歷史就從這裡開始。

被同盟國占領的德國，首先開始推動的，就是解散納粹並建立新的德國體制。德國必須根據美國、英國、蘇聯簽訂的波茨坦協定，遵守「去納粹化」、「非軍事化」、「民主化」、「瓦解卡特爾」（Cartel，意指企業聯合壟斷）這四大項原則，重整國家。

去納粹化的政策，包含了由紐倫堡國際軍事法庭審判「重大戰犯」。審判對象共有二十四人和六個團體，最後宣判十二人死刑、三人終身監禁、四人有期徒刑、三人無罪釋放。

法庭上證實了納粹屠殺猶太人的駭人罪狀。這是曾與納粹關係深遠的眾多德國人，渴望能以任何形式遺忘的一段過去。所以國內對此事漠不關心，卻廣受海外矚目。

而且，審判也牽涉與納粹有關的民間人士，但因為人數實在太多，要是全數處以刑責，恐怕會造成德國社會崩毀，因此最後並沒有嚴格追究民間人士的刑責。

判處無期、有期徒刑的七名戰犯，皆收監於柏林郊外的施潘道監獄。其中又以納粹副元首魯道夫·赫斯（Rudolf Heß）的收監期最久。

赫斯在一九四一年單獨飛往英國而被俘虜，並且在紐倫堡大審中被判處無期徒刑後，一直到一九八七年才去世。在他死後，施潘道監獄才終於得以拆除。

支離破碎的德意志

從戰爭末期開始，美國、英國、蘇聯三國曾經商討過德國的新國家體制；戰爭結束後，法國也加入這個行列。然而，四個國家對於新生的德國國家體制意見分歧，不停爭論是要採取自由主義經濟還是社會主義體制。

在一九四七年召開的四國外長會議中，蘇聯與其他三國的主張對立，談判破裂，無法達成共識。美國、英國、法國三國放棄與蘇聯協調，直接在三國的占領地建設新國家（西德），堅持組織自由主義體制的西方陣營。這件事，確定了德國的分裂。

附帶一提，被排拒在德國統一之外的德意志民族國家奧地利，其首都維也納在一九四五年四月遭蘇聯軍占領，戰後則由美國、英國、法國、蘇聯四國占據。

奧地利原本也擔心國家會在占領下面臨分裂，但因為「奧地利是遭到德國侵略、被盟軍解放的國家」，最終才得以倖免。

不過，以美國為首的西方自由主義陣營，與蘇聯逐漸形成的東方社會主義陣營對峙，使得奧地利花了很長的時間才終於獨立。

西元一九五五年，四個占領國和奧地利終於簽署條約，恢復了奧地利的國家主權。同時，奧地利宣誓不加入任何軍事同盟，成為「永久中立國」。

馬歇爾計畫

美國、英國、法國三國之中，法國根據過去長年與德國對立的歷史，認為戰爭結束後的第一要務，就是削弱德國的勢力。然而，當各國發現社會主義國家蘇聯的威脅更勝於德國以後，便改變戰略方針，認為與其敵視德國，最好還是拉攏德國一同發展。

美國在一九四七年為了在經濟上支援歐洲復興，便引用當時的國務卿之名、發表了馬歇爾計畫（The Marshall Plan，官方正式名稱為「歐洲復興計畫」

〔European Recovery Program〕)。翌年，為實行馬歇爾計畫而成立歐洲經濟合作組織（OEEC)。

戰後的德國經濟十分混亂，人民不再相信貨幣的價值，日常生活開始用以物易物的方式換取物資，香菸成為通貨的替代品。因此，德國在占領軍的指導下進行通貨改革，在盟軍占領地發行新德國馬克。

在此之前，蘇聯也在德國境內占領區發行新的馬克紙幣，但因為有馬歇爾計畫保障價值的新德國馬克廣為普及，使得蘇聯占領區發行的新馬克價值低落。因此，蘇聯於一九四八年六月封鎖占領區的交通要道，切斷了美、英、法占領區與西柏林的連結，這項行動就稱作「柏林封鎖」。

從此以後，柏林便分裂成東、西兩側。西柏林的水電因而停止供給，導致市民無法生活。

美國和英國運用沒有封鎖的空路前往成為陸上孤島的西柏林，展開「空運作戰」，為市民運送煤礦和食物，總計運送了二十七趟物資。蘇聯判定封鎖無效，

分裂的柏林

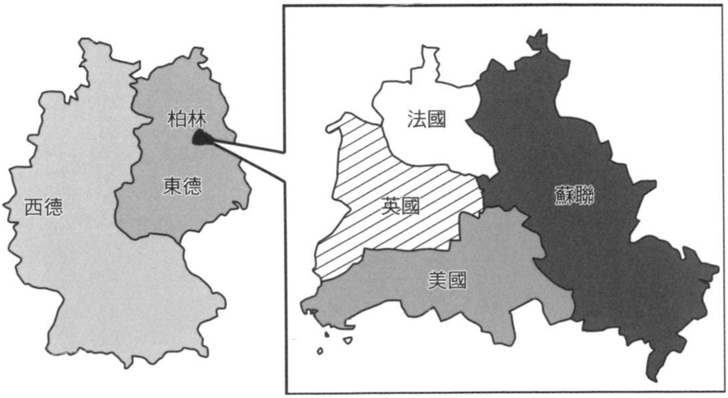

只好在一九四九年五月解除了柏林封鎖。

一座城市，分裂的憲法

分裂成東西兩邊的柏林開始分道揚鑣。一九四九年，在美國、英國、法國的指導下，西德制定了德意志聯邦共和國基本法。

這份憲法記取過去在納粹時代允許政府獨裁的教訓，明定「人類的尊嚴不可侵犯，保護人民是國家的義務」，另外也規定法律之下人人平等、禁止種族歧視、保障言論自由等項目。

戰前可以干涉行政、動搖國家的總統權限大幅縮減，總統一職須由聯邦會議選任，主要職務是站在中立立場召開國家級的典禮。從此以後，德國總統僅只是一國的象徵。

相對地，總理的權限則是大幅強化，保有不受總統支配的獨立地位，只要議會裡的對立政黨沒有推派候補人選，便無法對總理提出不信任案。

德國憲法從一九四九年生效後，西德的國家重建工作才正式啟動。最初執掌政權的是德國基督教民主聯盟（CDU）的康拉德·艾德諾（Konrad Adenauer）。勝選的CDU與CSU（基督教社會聯盟）、FDP（自由民主黨）成立聯合政權，目標除了重振國內經濟以外，也要將西德推向國際社會。

此外，艾德諾還力圖深化西德與美國等西方各國的關係，也做好遭到蘇聯反抗的心理準備。

另一方面，蘇聯占領區也制定了新憲法，從一九四九年十月開始實行。以東柏林為首都的德意志民主共和國（東德）就此誕生。

於是，東西德皆達到事實上的獨立（二者皆於一九五五年完全恢復主權）。

水火不容的東西德

一九四九年，北大西洋公約組織（North Atlantic Treaty Organization，NATO）成立。美國、加拿大、義大利、法國、丹麥等十二個國家簽訂條約，同意成員國一旦遭受攻擊，所有成員國都有義務出兵協防。一九五五年，西德也加入了這個組織。

另一方面，蘇聯也在一九四九年與波蘭等六個東歐國家組成經濟互助委員會（簡稱經互會）。東德於一九五〇年加入該組織。

艾德諾期望德國能夠再度統一，於是他的第一步行動，就是在一九五五年拜訪蘇聯、建立邦交。但是，蘇聯卻在同一年反對西德加入北大西洋公約組織，並組成華沙公約組織（WTO）。東德於翌年加入了華沙公約組織。

艾德諾持續對抗東德的動向，之後還發表了西德的基本外交政策「霍爾斯坦主義」（Hallstein-Doktrin，編註：以時任外交部長的華特・霍爾斯坦的名字命名），原則是不同與東德建交的國家建立外交關係，貫徹只有一個德國的立場。於是在美蘇對立的國際情勢當中，德國人也不得不彼此敵對。

世界盃首度奪冠！

艾德諾的內政目標是實現「社會國家」，不過其用意並不是帶領國家依循社會主義路線，而是重視社會保險制度的建立。其任內期間推行了戰爭受害者保險、住宅建設和年金制度等多項改革。

而且，艾德諾開放國民從事自由經濟活動，並採取國家適度參與的「社會市場經濟」。這些政策大獲成功，讓西德逐步順利重振國家。

一九五〇年韓戰爆發，全世界對武器等物資的需求變高。這個現象為西德經濟復興助了一臂之力。汽車、化學、機械、金屬、電器產品的工業生產日漸發達，西德成為工業產品的出口國家。

廣受全球矚目的西德復興盛事，就是一九五四年舉辦的世界盃足球賽。西德隊在這場大賽上迎戰當時世界最強的匈牙利隊，贏得了冠軍。這場勝利稱作「伯爾尼奇蹟」（Wunder von Bern），賜予西德國民強大的自信與希望。

一九七四年，西德再次主辦世界盃聯賽，東德也首度參賽。在這屆大賽中，西德居然對上了東德，東德還以一比零贏得勝利。最後，西德成功二度奪冠，成為遠近馳名的世界足球強國。

當時的日本

1951年，日本簽訂《舊金山和約》，恢復了主權。條約簽訂的背景是美國希望拉攏友邦，以便圍堵遠東地區的社會主義勢力。日本恢復主權的同時，也簽訂了《美日安保條約》，日本從此加入西方的自由主義陣營。

無法重建的東德

相較於西德順利復興、發展，東德卻始終苦不堪言。

占領東德的蘇聯軍將鐵軌、枕木、工廠機器等生產的基礎設備運回蘇聯。在蘇聯的統治下，企業都被迫為蘇聯製造產品，東德淪落到殖民地的處境。由於東德沒有受到美國的馬歇爾計畫支援，導致經濟一敗塗地。

不過，東德還是徹底實行了去納粹化和土地改革。自普魯士以來的容克制度瓦解，農民可以領有土地。後來，東德還效仿蘇聯推行了集體耕作。

這段時期的東德領導人，正是剛從莫斯科歸國的瓦爾特・烏布利希（Walter Ulbricht）。他在東德實行了以蘇聯共產黨總書記為名的史達林主義模式，意即個人獨裁與國家領導為方針的計畫經濟。東德彷彿成為蘇聯的附屬國，國內政治體系是由祕密警察組織國家安全部（Ministerium für Staatssicherheit，通稱史塔西〔Stasi〕）負責維持。

國家安全部在國內遍布監視網，剝奪了東德人民的自由。史塔西甚至還會滲透到每戶家庭之中，妻子監視丈夫，丈夫也監視妻子。

由於東德配合蘇聯的政策，力行社會主義，採取以重工業為中心的經濟政策，缺乏食物及其他民生用品。勞工皆課以高度生產定額，不可自由生產。社會主義本應救濟勞工，但東德的發展卻截然相反。

一九五三年，史達林去世後，東柏林發起反政府示威活動，東德各地紛紛群起響應。執政的德意志社會主義統一黨（SED）身陷危機，烏布利希只好請求蘇聯軍協助全面鎮壓示威活動。

史達林去世三年後，蘇聯最高領導人赫魯雪夫（Nikita Khrushchev）大肆撻伐史達林，一一細數獨裁者史達林的罪狀，而因史達林暴政而受苦的波蘭和匈牙利紛紛發起反蘇暴動、要求去社會主義化。

這股浪潮也蔓延至東德，然而烏布利希不允許人民批判體制，於是採取鎮壓國民的方式度過了這場危機。

高高矗立的「柏林之牆」

就在德國持續分裂時，一九五八年又發生了新的問題。赫魯雪夫要求西柏林解除武裝、撤除軍隊和武器，但是美國、英國、法國都表示反對。

戰後，東西德的經濟差距愈來愈大，相較於發展順利的西德，東德的經濟十分低靡，導致許多人從東德逃向西德。柏林是橫跨東西德的重要城市，這裡一旦分裂，兩邊就會永遠成為不同的國度。

但是在一九六一年八月，東德政府對於柏林始終未改變的狀況感到焦躁不耐，便突然切斷了東西柏林之間的所有交通，用鐵刺網徹底封鎖西柏林全區，並開始修建混凝土圍牆、監視出入的人員。

「柏林圍牆」的出現，使西柏林在一九四八年柏林封鎖以來，再度成為陸上的孤島。東德政府毫不留情地射殺企圖翻越圍牆的人，造成多人死亡。

柏林圍牆的建立，成為東西對立的象徵，加深了兩邊的對立。

古巴爆發飛彈危機！

就在圍牆建造完成一年後，隨即發生了「古巴飛彈危機」。這起事件對西德來說是個難得的轉機。

古巴危機的導火線，起始於蘇聯在靠近美國東岸的社會主義國家——古巴，建造軍事基地，部署飛彈。當時的美國總統甘迺迪（John Fitzgerald Kennedy）採取強硬的態度，要求蘇聯撤下飛彈，並且在海上攔截所有航向古巴的蘇聯船隻、強行搜索。

相對於態度強勢的美國，蘇聯為了避免衝突，只好放棄架設飛彈。倘若蘇聯也強勢反彈，恐怕就會引發第三次世界大戰了。

蘇聯避免與美國正面交鋒，轉向和平共處的路線。國際情勢的變化，也反映在西德的外交上。與一九五〇年代相比，西德政黨的特性變化，也促進了內政和外交的路線轉換。

比方說，原本社會民主黨期望效仿蘇聯，比照東德達到社會主義化，但是隨著西德境內去意識形態（編註：意識形態意指政治運動、黨派等願景的總和；去意識形態則指厭惡政治化的傾向）的思潮逐漸擴大，便不再激烈堅持自己的主張，因此慢慢贏得國民的支持。與此同時，社會民主黨也開始親近教會，與羅馬教宗建立友好關係。

另一方面，過去由艾德諾率領的基督教民主聯盟，因為新黨魁路德維希・艾哈德的領導能力不足，使內部的對立愈來愈激烈。

自由民主黨見狀，立刻出面聲明支持艾哈德而得以參與執政。於是，西德逐漸形成由三個政黨組成內閣的大聯合政府。

當時的日本

西德的經濟持續成長之際，日本也迎來高度經濟成長的時代。1964年，新幹線隨著東京奧運的舉辦而開通，景氣絕佳的新聞陸續出現。近年蔚為話題的韓日基本條約，就是兩國於1965年在美國的調停下簽署完成。

與宿敵和解

在國際關係方面，西德與周邊國家的關係也出現了改善的跡象。古巴飛彈危機發生之前，西德就已經開始與法國、荷比盧三國（荷蘭、比利時、盧森堡）以及義大利持續商討經濟整合的議題。

但是，過去多次交戰的德國和法國之間的鴻溝實在太深，並沒有那麼容易化解恩怨。

狀況持續到一九六二年，法國總統戴高樂（Charles de Gaulle）訪問西德。戴高樂認為歐洲應當與美國脫勾、整合起來，所以希望能與宿敵德國和解。

西德總理艾德諾接受這項提議，與法國達成歷史上的和解。於是，一九六七年成立了歐洲共同體（EC），歐洲共同體就是現在歐洲聯盟（EU）的前身組織。

戴高樂訪德一年後，美國總統甘迺迪也出訪德國。成功度過古巴飛彈危機的甘迺迪，在柏林圍牆前面舉行反共產主義的演說。從這件事可以看出，歐美各國已經認同持續成長復興的西德，西德在國際社會上的立場也提高了。

然而，在一九六〇年代中期後，隨著美蘇對立情勢逐漸趨緩，西德的存在卻變得愈來愈渺小。在德國基督教民主聯盟中嶄露頭角的格哈特・施若德（Gerhard Schröder），採取強化東歐各國的經濟關係、孤立東德的政策，但是在霍爾斯坦主義「不同與東德建交的國家建立邦交」的原則牽制下，這項政策並未成功。

一九六六年，原本一直順利發展的西德經濟開始蒙上了陰影，總理艾哈德下台，取而代之的是社會民主黨和基督教民主聯盟的大聯合政府。在這個聯合政府內擔任總理的，則是基督教民主聯盟的庫爾特・喬治・基辛格（Kurt Georg Kiesinger）。

一九六九年大選後，社會民主黨退出聯合政府，改與自由民主黨聯手。基辛格退任後，由社會民主黨的威利・布蘭特（Willy Brandt）繼任總理。

東歐，萬分抱歉

布蘭特原本在基辛格的大聯合內閣擔任外交部長。社會民主黨與多數派的基督教民主聯盟脫離關係後，便積極推行自己的政策。其中最大的焦點，就是改善與蘇聯、東歐各國關係的「東方外交」。

美蘇關係雖然正在逐步改善，但對立的局面並沒有完全消失。對西德而言，必須延續艾德諾推行的親西歐路線。但是，布蘭特卻大膽挑戰「霍爾斯坦主義」，計劃改善西德與蘇聯、東歐各國的關係。

一九七〇年，布蘭特與蘇聯談判，承認東德是獨立國家，雖然談判過程舉步維艱，但最後終於取得蘇聯的同意。

這一年，布蘭特拜訪波蘭。他在華沙的聚集區（特定族群群聚的區域）跪拜的身影，象徵西德對過去深受德國侵害的國家謝罪的立場，為全世界塑造出深刻的印象。

布蘭特從擔任外交部長時期開始，就考慮親近東歐各國。一九六七年，西德與羅馬尼亞建交，翌年又與南斯拉夫建交；之後又陸陸續續與捷克斯洛伐克、匈牙利、保加利亞等國建立邦交。

一九七一年，布蘭特榮獲諾貝爾世界和平獎。翌年，東西德簽署了兩德基礎條約，承認彼此是獨立國家。如此一來，西德國民可以自由造訪東德，但東德國民卻無法自由前往西德。

不過，東德在人才停止流向西德以後，經濟逐漸復

當時的日本

在西德強化東歐關係的時期，日本的學生運動正如火如荼地展開。東京大學學生手持方形長棍的武鬥棒，要求政府實施大學民主化。部分過於激進的學生在1970年引發淀號劫機事件，1971年則引發淺間山莊事件。

甦。進入一九七〇年代後，國民的生活也開始慢慢有所改善；但是到了一九八〇年，經濟狀況又再度惡化，令東德國民大為不滿。

綠黨大躍進

西德的政治在戰後有很長一段時間，是由社會民主黨、基督教民主聯盟、自由民主黨執政，不過到了一九八〇年代，新興政黨「綠黨」（GRÜNE）的勢力逐漸壯大。這個政黨起源於一九六〇年代的學生運動。

一九六六年成立的大聯合內閣，訂立了緊急狀況法。這項法律規定在戰爭、內亂、大規模災害時期，政府得以限制個人的權利，儘管遭到眾多西德國民反對，法律依舊生效。這項法案引發社會輿論，以學生為主熱烈發起「議會外反對運動」（簡稱APO），但這場運動並沒有收到成效。

不過，他們激發了民眾對於這個問題的認知，之後也延續了下去。一九七〇年代以後，參與反對運動的人都十分關懷自然環境保護的問題。這些人便組成綠黨，在一九八三年的選舉中旗開得勝，奪得二十七個席次。

從此以後，申訴環保問題的團體，在議會裡都具有一定的影響力。

冷戰結束

一九八九年，蘇聯最高領導人戈巴契夫（Mikhail Gorbachev）推行的改革重組措施鬆綁後，東歐各國紛紛出現追求自由的聲浪。五月，匈牙利撤除在奧地利邊境設置的鐵幕，國民可以自由出國。東德國民得知此事後，也開始聲稱「我們是人民（主權所有者）」，發起示威行動、要求出國和表達言論的自由。然而，東德的德意志民主共和國國務委員會會長埃里希·何內克（Erich Honecker）卻不為所動。

到了六月，中國發生「天安門事件」，大批要求民主化的青年學子在天安門廣場上遭到中國共產黨武力鎮壓。世界大多數國家都嚴厲譴責中國，但東德政府卻支持鎮壓行動，令國民憤怒不已。國民長年來對缺乏物資的不滿也始終未能解決，民眾反政府的意識愈來愈高。

圍牆終於倒下

一九八九年十月，萊比錫發生了抗議東德政府的示威活動。這件事讓示威活動擴散到了全東德，十一月四日，東柏林發起的示威抗議，有超過一百萬東德國民參加。

何內克在這場混亂中請辭，埃貢．克倫茨（Egon Krenz）當選為新任總書記。克倫茨答應國民會開放一定程度的自由，但東德國民並不領情。

十一月九日，東德政府在記者會上誤發了開放自由出國的消息，結果當日晚上，柏林市民一舉擁向柏林圍牆。

邊防兵與群眾一陣爭吵之後，國境檢查站終於開放，翌日，東德國民開始親手拆除柏林圍牆。作為東西長年冷戰象徵的柏林圍牆終於倒塌，是追求言論自由、遷移自由的強大國民意識推了它一把。

十二月，戈巴契夫與美國總統布希會面，雙方確定正式結束「冷戰」。造成東德政體瓦解的最大原因，就是冷戰結束。

統一非易事

圍牆倒塌後，東德總書記克倫茨與西德總理海爾穆．柯爾（Helmut Kohl），針對德國的未來進行會談。任誰能都預料東德是因為經濟頹靡、蘇聯引發的混亂等各種原因導致體制毀壞，但實際上，東西德統一並沒有那麼簡單。

不過，對政府大為不滿的東德國民相信兩邊能快速統一，人潮紛紛擁向西德。

另一方面，西德國民則大多認為兩德統一之後，國內會為了重振發展遲緩的東

德，勢必將承受更為龐大的經濟負擔，因此國民普遍不歡迎無條件統一，而希望花費長遠的時間審慎進行。

從現實層面來看，此事需要美國、英國、法國、蘇聯四國的協議，尤其重點在於蘇聯是否承認德國統一，而且還要擔心能夠理解統一情勢的戈巴契夫政權會維持到什麼時候。

一九九〇年五月，東西德與美國、英國、法國、蘇聯共同召開六國外交會議，四個國家皆承認東西德統一，並劃定統一後的德國與波蘭的國界。歐盟各國也與德國商討日後的關係，於八月三十一日簽署統一協定。

十月三日，根據西德基本法第二十三條，東德各邦以加入西德的形式，統合東西德。

辛德勒的名單

一九九三年，導演史蒂芬・史匹柏的電影《辛德勒的名單》（*Schindler's List*），榮獲奧斯卡金像獎最佳電影、最佳導演等七項大獎，是全球賣座的電影。這部電影是根據第二次世界大戰中，一位名叫奧斯卡・辛德勒（Oskar Schindler）的企業家真實故事所改編。

辛德勒雖然身為納粹黨員，卻不顧自身安危、拯救了自家工廠的一千兩百名猶太人員工，免於遭到納粹的屠殺。

一九八二年，奧地利作家將辛德勒的一生寫成小說，他不為人知的故事才得以流傳全世界。二〇〇八年，為了紀念辛德勒一百歲冥誕，德國還發行了特別紀念郵票。

辛德勒是德國引以為傲的偉人，同時也因為辛德勒一名傳頌全世界，令國內外人士又再度憶起納粹當年的殘暴行為。納粹時代的負面印象，在超過半世紀以後，依舊是德國人心中的痛。

柯爾促成東西統一

終於實現長年統一夙願的德國，依然有許多問題需要解決。由於東西的經濟差距太大，導致愈來愈多舊東德國民遷徙至舊西德，一發不可收拾。

不只如此，舊東德國民因為遲遲未能的消除而持續積累不滿，這股民怨就反映在選舉結果上。東德時代的社會主義統一黨改名成立為民主社會黨（SPD），背負著許多舊東德人民的怨氣，成功將同黨議員送進聯邦議會。

完成統一的柯爾長期政權，是基督教民主聯盟與自由民主黨組成的聯合政府。但是統一後不久，狀況卻產生了變化。綠黨的得票數居然高過自由民主黨。一九九八年，社會民主黨的施若德（Gerhard Schröder）擔任總理時，便由社會民主黨與綠黨組成聯合政府。

施若德在上任總理翌年，派遣德軍參與科索沃戰爭。由於這是德國在二戰後首度投入戰爭，因此在國內引發強烈的爭議。

二〇〇一年，美國同時期發生多起恐怖攻擊事件後，德國發表「無限制協防美國」的聲明。德軍也加入由美國主導的阿富汗恐怖分子掃盪行動。由於德軍參與其中，使得國外部分人士聯想起過去德國的暴行、紛紛出聲必須嚴格看待德國的出兵行動。

鐵娘子的政策

一九九四年，柯爾第五任期的內閣中，有一名女性出任環境和核能安全部長。

她——安格拉・梅克爾（Angela Merkel）原本是舊東德的物理學家，在德國統一後的一九九〇年代表基督教民主聯盟出馬，順利當選。她在柯爾第四任期的內閣中擔任婦女青年部部長，開始嶄露頭角。

在二〇〇五年的選舉中，基督教民主聯盟大勝，梅克爾成為第一位女性總理。梅克爾在高度支持率下執政，順利開啟她的總理之路。此後，她果斷處理德國面臨的各種問題，執政長達十年以上。

二〇〇八年，她以總理身分首度出訪以色列，成為第一位在以色列國會上演講的外國首腦。梅克爾在講臺上表明德國人對於納粹暴行的反省，並且向猶太人道歉。這是德國在外交方面的重大突破。

二〇〇九年大選，梅克爾與中庸保守的自由民主黨組成聯合政府。在她的第二任期內閣中，發生了希臘破產危機（歐洲主權債務危機），德國推行高額的救助方案支援希臘，導致梅克爾的支持率下降。

二〇一一年，日本大地震引發福島第一核電廠事故，使德國國內反核能的綠黨勢力大增。梅克爾眼見輿論開始傾向於反核，立刻採取廢除國內核電廠的政策。

未來將會如何？

在二〇一三年的選舉中，執政黨聯合的自由民主黨大敗，因此梅克爾改與社會民主黨組成聯合政府。二〇一五年，德國表示願意收容一百萬名難民。

這項政策發表後，引發國內右翼分子大反彈，造成極右政黨「德國另類選擇」（AfD）崛起等各種新興問題。受到這些事件的影響，基督教民主聯盟的席次在二〇一七年的選舉中大幅減少。

其實，德國的問題不只有難民，還有以舊東德為主的窮困德國人的差別待遇。

二〇一八年，梅克爾宣稱三年後將退出政壇。下一任德國總理會承襲梅克爾的政策、還是進行大幅改革，廣受全世界的關注。即使問題尚未徹底解決，但德國統一三十年後，確實是完全復興了。

不過，德國在名目上的GDP是繼日本之後的全球第四經濟大國，也是EU的盟主，因此有人認為現在的德國是第四帝國，繼第一帝國神聖羅馬帝國、第二帝國俾斯麥的德意志帝國，第三帝國納粹之後。雖然這只是嘲諷德國巨大經濟實力的用詞，但德國國內或許真的有人因此大為欣喜吧。

——到這裡為止，已經介紹完橫跨兩千年的德意志歷史。日耳曼人在這片只有森林和河川的土地上拓荒建國，後來敗在拿破崙手下，又在兩場世界大戰中慘敗，國家體制幾經多次劇變……德國的歷史著實苦難連連。

然而，德國卻克服了這些考驗，成就今日的繁榮。德國人不向困難低頭的強韌精神，被譽為「不屈的日耳曼魂」。日耳曼魂是為何物，這個國家的歷史就是最好的證明。

歐洲統合的奠基者

理察・康登霍維－凱勒奇

Richard Nikolaus Coudenhove-Kalergi

（1894～1972）

母親為日本人的伯爵次男

第二次世界大戰期間，奧地利併入德國，因此本書將出身奧地利的理察・康登霍維－凱勒奇歸為德國史名人。

理察的父親海因里希・康登霍維伯爵，擔任奧地利的駐日大使，母親則是青山光子。身為家中次子的理察於東京出生，後來舉家遷回歐洲，而後進入維也納大學就讀。在第一次世界大戰後的1923年，他出版了《歐洲合眾國》（*Pan-Europa*）。Pan的意思是「全部的」，書中極力鼓吹歐洲各國促進和平統一。

戰後依然動盪不安的歐洲，這樣的主張自然廣受大眾支持，於是在書籍出版當年，隨即便成立了以統合全歐洲為目標的國際泛歐聯盟。雖然理察的建議因為二戰爆發而未能實現，但仍然促進戰後歐洲共同體（EC）的成立，以及1993年歐洲聯盟（EU）的誕生。

德國的歷史 年表

這份年表是以本書提及的德國歷史為中心編寫而成。配合下半段的「世界與日本大事紀」，可以更深入理解。

年代	德國大事紀	世界與日本大事紀
前500	日耳曼人居住在德國北部、日德蘭半島	世界 猶太教創教（前517）
前27	羅馬開始實行帝制	世界 基督受難（30）
375	日耳曼人開始大遷徙	世界 百濟、新羅建國（4世紀中葉）
476	西羅馬帝國滅亡	日本 倭武王派使節出訪劉宋（478）
482	法蘭克王國建國	世界 穆罕默德出生（570左右）
751	丕平開創開洛林王朝	日本 東大寺大佛開眼供養（752）
800	查理大帝加冕	日本 遷都平安京（794）
843	凡爾登條約將帝國一分為三	世界 埃格伯特統一英格蘭（829）
870	形成德國、法國、義大利的前身	世界 基輔大公國成立（882左右）
911	德意志王國成立	世界 唐朝滅亡（907）

955	萊希菲爾德之戰	世界 英格蘭王國成立（927）
962	神聖羅馬帝國成立	世界 宋朝建國（960）
1157	設置布蘭登堡邊境侯爵	日本 保元之亂（1156）
1190	奠定德意志騎士團的基礎	世界 英國理查一世繼位（1189）
1254	大空位時代（～73）	日本 文永之役（1274）
1273	哈布斯堡家族的魯道夫登基為皇帝	世界 明朝建國（1368）
1289	決定7位選帝侯	世界 哥倫布抵達新大陸（1492）
1517	宗教改革開始	世界 蒙兀兒帝國建國（1526）
1519	卡爾五世（西班牙國王卡洛斯一世）登基	世界 印加帝國滅亡（1533）
1529	第一次維也納之圍	日本 鐵砲傳入（1543左右）
1546	施馬爾卡爾登戰爭（～47）	世界 英國伊莉莎白一世繼位（1558）
1555	奧格斯堡和約	日本 桶狹間之戰（1560）
1556	卡爾五世退位，哈布斯堡王朝分裂	世界 荷蘭獨立戰爭（1568～1609）
1618	布蘭登堡與普魯士合併，布拉格拋窗事件，三十年戰爭開始	日本 大坂夏之陣（1615）
		世界 清朝建國（1616）

年代	德國大事紀	世界與日本大事紀
1648	簽署西發里亞和約	世界 清教徒革命（1642～1649）
1701	普魯士王國誕生，西班牙王位繼承戰爭（～13）	日本 赤穗事件（1702）
1740	腓特烈二世、瑪麗亞 特蕾莎繼位，奧地利繼承戰爭開始	日本 享保改革（1716～1745）
		世界 俄羅斯帝國成立（1721）
1756	七年戰爭開始	世界 工業革命開始（1760左右）
1792	普魯士・奧地利聯軍在瓦爾密戰役敗北	世界 美國獨立宣言（1776）
		世界 法國大革命（1789）
1793	第一次反法大同盟（～97）	日本 俄羅斯使節拉克斯曼來航根室（1792）
1804	奧地利帝國誕生	世界 英國併吞愛爾蘭（1801）
1806	神聖羅馬帝國滅亡	世界 拿破崙登基稱帝（1804）
1807	費希特發表演說「告德意志國民書」	世界 荷蘭王國成立（1815）
1814	召開維也納會議	日本 間宮林藏探索庫頁島（1808）
1815	滑鐵盧戰役，德意志邦聯成立	世界 拿破崙遠征俄羅斯（1812）
1817	德國統一自由運動學生會成立	世界 阿根廷獨立（1816）

1834	德意志關稅同盟成立	日本 大鹽平八郎之亂（1837）
1835	紐倫堡、福爾特之間的鐵路開通	世界 鴉片戰爭（1840~1842）
1845	梅特涅垮台，維也納體制瓦解	世界 俄羅斯二月革命（1848）
1859	義大利統一戰爭	日本 美軍將領培里來航浦賀（1853）
1862	俾斯麥就任為普魯士首相	世界 南北戰爭（1861~1865）
1866	普奧戰爭	日本 大政奉還（1867）
1870	普法戰爭（~71）	世界 蘇伊士運河開通（1869）
1871	近代德意志帝國成立	日本 廢藩置縣（1871）
1873	德國、俄羅斯、奧地利組成三帝同盟	世界 江華島事件（1875）
1875	德意志社會主義工人黨成立	世界 貝爾發明電話（1876）
1888	威廉二世登基	世界 巴黎萬國博覽會（1889）
1890	俾斯麥辭任	日本 甲午戰爭（1894）
1914	塞拉耶佛事件，第一次世界大戰爆發	世界 辛亥革命（1911）
1918	德意志革命	世界 巴拿馬運河開通（1914）
1919	凡爾賽條約，威瑪共和國（德意志國）成立	世界 俄羅斯革命（1917）

年代	德國大事紀	世界與日本大事紀
1919	德意志工人黨成立	世界 國際聯盟成立（1920）
1923	慕尼黑政變	世界 華盛頓會議（1921～1922）
1932	納粹黨在大選後躍為第一大黨	世界 經濟大蕭條開始（1929）
1933	希特勒就任為總理，退出國際聯盟	世界 九一八事變（1931）
1934	希特勒就任為元首	世界 羅斯福新政（1933～1936）
1936	不承認凡爾賽條約，主辦柏林奧運	日本 二二六事件（1936）
1938	合併奧地利	世界 西班牙內戰（1936～1939）
1939	簽訂德蘇互不侵犯條約，第二次世界大戰爆發	日本 中國抗日戰爭爆發（1937）
1940	占領巴黎，三國同盟（德國、義大利、日本）成立	世界 義大利退出國際聯盟（1937）
1941	德蘇開戰	日本 蘇日中立條約（1941）
1943	在史達林格勒投降	日本 太平洋戰爭爆發（1941）
1945	德國無條件投降	世界 諾曼第戰役（1944）
1948	蘇聯封鎖西柏林	日本 原子彈爆炸（1945）
		世界 聯合國成立（1945）

1949	德意志聯邦共和國（西德）、德意志民主共和國（東德）成立
1955	西德加入北大西洋公約組織，蘇聯與西德恢復邦交
1956	東德加入華沙公約組織
1961	建立柏林圍牆
1965	西德與以色列建立邦交
1966	布蘭特展開「東方外交」
1972	簽訂兩德基礎條約
1982	柯爾就任為總理
1989	柏林圍牆倒塌
1990	東西德統一
1998	施若德就任為總理
1999	開始採用歐元
2005	梅克爾就任為總理

世界 巴黎和平條約（1947）
世界 以色列建國（1948）
世界 中華人民共和國建國（1949）
世界 韓戰爆發（1950）
日本 日蘇共同宣言（1956）
世界 古巴飛彈危機（1962）
日本 東京奧運（1964）
世界 EC（歐洲共同體）成立（1967）
世界 越戰結束（1975）
世界 兩伊戰爭（1980～1988）
世界 波斯灣戰爭（1991）
世界 EU（歐洲聯盟）成立（1993）
日本 阪神淡路大地震（1995）
世界 九一一恐怖攻擊事件（2001）
世界 前伊拉克總統海珊處決（2006）

参考文獻

『パクス・ロマーナ ローマ人の物語Ⅵ』塩野七生（新潮社）
『悪名高き皇帝たち ローマ人の物語Ⅶ』塩野七生（新潮社）
『原始ゲルマン民族の謎「最初のドイツ人」の生と闘い』S. Fischer-Fabian，片岡哲史譯（三修社）
『森が語るドイツの歴史』Karl Hasel，山縣光晶譯（築地書館）
『中世教皇史』Geoffrey Barraclough，藤崎衛譯（八坂書房）
『ドイツ文化55のキーワード』宮田眞治、畠山寛、濱中春編著（ミネルヴァ書房）
『ヨーロッパの中世』神崎忠昭（慶應義塾大学出版会）
『中世とは何か』Jacques Le Goff，池田健二、菅沼潤譯（藤原書店）
『50のドラマで知るドイツの歴史』Manfred Mai，小杉尅次譯（ミネルヴァ書房）
『史料から考える 世界史20講』歴史学研究会編（岩波書店）
『ドイツの歴史百話』坂井榮八郎（刀水書房）
『国境をこえるドイツ その過去・現在・未来』永井清彦（講談社）
『ドイツの歴史』Mary Fulbrook，高田有現、高野淳譯（創土社）
『マルチン・ルター 生涯と信仰』徳善義和（教文館）
『ドイツ三十年戦争』C. V. Wedgwood，瀬原義生譯（刀水書房）
『ウェストファリア条約 その実像と神話』明石欽司（慶應義塾大学出版会）
『新版世界史の名将たち』B. H. Liddell-Hart，森沢亀鶴（原書房）
『戦うハプスブルク家』菊池良生（講談社）
『図説プロイセンの歴史 伝説からの解放』Sebastian Haffner，魚住昌良監譯，川口由紀子譯（東洋書林）
『仏独関係千年紀 ヨーロッパ建設への道』宇京賴三（法政大学出版局）
『ドイツ近代史 18世紀から現代まで』木谷勤、望田幸男編著（ミネルヴァ書房）
『神聖ローマ帝国 1495－1806』Peter H. Wilson，山本文彦譯（岩波書店）
『ドイツ史の転換点 1848－1990』C. Stern、H. A. Winkler編著，末川清、高橋秀寿、若原憲和譯（晃洋書房）
『ワイマル共和国史　研究の現状』E. Kolb，柴田敬二譯（刀水書房）
『ドイツ現代史』村瀬興雄（東京大学出版会）
『アーリア人』青木健（講談社）
『1989世界を変えた年』Michael Meyer，早良哲夫譯（作品社）
『EU盟主 ドイツの失墜』手塚和彰（中央公論新社）
『世界歴史大系 ドイツ史1・2・3』木村靖二、山田欣吾、成瀬治編（山川出版社）
『新版世界各国史 ドイツ史』木村靖二編（山川出版社）
『ドイツとの対話』伊藤光彦（毎日新聞社）
『100のトピックで知るドイツ歴史図鑑』Guido Knopp、Edgar Franz，深見麻奈譯（原書房）
『図説 ドイツの歴史』石田勇治編著（河出書房新社）
『図説 ハプスブルク帝国』加藤雅彦（河出書房新社）
『ドイツ三〇〇諸侯 一千年の興亡』菊池良生（河出書房新社）

[作者]
閔真興
1944年出生於日本三重縣，東京大學文學部畢業，曾擔任駿台補習班世界史科講師，現為專職作家。著有《貨幣改變文明：掌握貨幣就能掌控世界》（智富）、《史學專家的世界史筆記：畫對重點就能輕鬆了解世界史》（台灣東販）、《世界史是打出來的》等多本著作。

編輯・構成／造事務所
設計／井上祥邦
插畫／suwakaho
協力／奈落一騎、荒川由里恵
照片／Pixabay

極簡德國史

出　　版／楓樹林出版事業有限公司
地　　址／新北市板橋區信義路163巷3號10樓
郵 政 劃 撥／19907596 楓書坊文化出版社
網　　址／www.maplebook.com.tw
電　　話／02-2957-6096
傳　　真／02-2957-6435
作　　者／閔真興
翻　　譯／陳聖怡
責 任 編 輯／江婉瑄
內 文 排 版／謝政龍
港 澳 經 銷／泛華發行代理有限公司
定　　價／350元
出 版 日 期／2021年1月

國家圖書館出版品預行編目資料

極簡德國史 / 閔真興作；陳聖怡翻譯. -- 初版. -- 新北市：楓樹林出版事業有限公司, 2021.01 面；　公分
ISBN 978-986-5572-00-6（平裝）
1. 德國史
743.1　　109017447